BOTÁNICAS
BOTANICALS

COL·LECCIÓ PER AMOR A L'ART

BOMBAS GENS CENTRE D'ART, VALÈNCIA

COL·LECCIÓ PER AMOR A L'ART
BOMBAS GENS CENTRE D'ART, VALÈNCIA

BOTÁNICAS
BOTANICALS

Láminas / Plates:

Nobuyoshi Araki. Karl Blossfeldt. Imogen Cunningham. Hans-Peter Feldmann. Richard Hamilton. Juan del Junco. Jochen Lempert. Jonas Mekas. Mathieu Mercier. Albert Renger-Patzsch. Alessandra Spranzi. Pierre Verger.

Fundació Per Amor a l'Art
La Fábrica
2020

Láminas / Plates:

INTRODUCCIÓN

Nuria Enguita

La representación de la naturaleza está en el origen del arte de la pintura, pero también en los orígenes de la práctica fotográfica, cumpliendo uno de los máximos ideales del Romanticismo, el de la imagen como «materialización del Absoluto»[1]; a través de la máquina fotográfica la naturaleza se representa a sí misma, sin la necesidad de la mano del artista. Si la ciencia botánica y la representación de plantas y flores se había extendido en el siglo XVIII gracias al trabajo de Carl Linnaeus, Alexander von Humboldt y muy esencialmente José Celestino Mutis, en un intento de clasificación y taxonomización de la naturaleza al servicio de la conquista y apropiación de nuevos territorios, la fotografía y sus antecedentes afianzarán el dominio de la ciencia sobre el poder inconmensurable de la naturaleza. Un prodigio inventado por el hombre puede ahora dominar y controlar la imagen de aquella. A su vez, la fotografía deviene muy pronto archivo, por su capacidad de almacenar datos y por la precisión de sus registros, pasando a formar parte muy pronto de los aparatos de conocimiento y control, como señala muy agudamente Carles Àngel Saurí en esta misma publicación.

La exposición *Botánicas* y este libro que la acompaña reúnen una serie de obras de la Colección Per Amor a l'Art en las que la representación de plantas y flores es su motivo fundamental. La ciencia botánica y la fotografía han ido de la mano desde la aparición de esta última, e incluso experimentos anteriores como los fotogramas de Henry Fox Talbot o las cianotipitias de Anna Atkins anuncian esta fructífera relación.

Ya en el siglo XVIII las láminas botánicas, que pasaron a formar parte de los gabinetes científicos y aristocráticos, pretendían ofrecer una representación

1. Paola Cortés-Rocca, *El tiempo de la máquina. Retratos, paisajes y otras imágenes de la nación,* Ediciones Colihue S.R.L., Buenos Aires, 2011, pp. 33 y ss.

ideal de las plantas, con sus disposiciones frontales, el despiece de la flor y detalles del fruto, buscando una claridad extrema que sirviera al análisis científico, pero también estético. Como inspiradoras del arte ornamental, esas bellas formas de la naturaleza fueron copiadas y estilizadas en representaciones artísticas, y a principios del siglo xx, tanto en Alemania como en Estados Unidos, lo que se denominó genéricamente «estilo documental» en fotografía se lanzó a un registro de lo real que hace de la naturaleza uno de sus intereses fundamentales.

Un caso extremo y ejemplar sería el del fotógrafo Karl Blossfeldt, quien a finales del siglo xix, cuando ejercía de profesor de modelado en la Escuela de Artes Aplicadas de Berlín, realiza una serie de fotografías de plantas concebidas como modelos ornamentales para sus estudiantes. Su interés eran las formas, la arquitectura de las plantas, los juegos de líneas y formas o las bellas curvaturas de su estructura. Blossfeldt fue integrado bajo el movimiento de la Neue Sachlichkeit (Nueva Objetividad), un «estilo documental» que, como la Fotografía Directa en Estados Unidos, pretendía representar lo real sin ningún tipo de subjetividad, a pesar del desprecio por lo ornamental que se extendió en los años veinte en Alemania. Albert Renger-Patzsch, en Alemania, con fotografías en las que captura las simples bellezas del mundo, o Imogen Cunningham, en Estados Unidos, con su estilo directo, pueden considerarse representantes de esta tendencia, y ambos participarían en la gran exposición *Film und Foto* (Stuttgart, 1929) que consagró ese movimiento, marcado por una claridad aparentemente absoluta y una visión frontal e integral, sin efecto de encuadre ni marcas personales. Ambos realizaron fotografías de plantas tratando de fijar sus características singulares; de nuevo, una representación supuestamente «objetiva», como la de las antiguas láminas botánicas, hecha «sin intervención de la mano del artista».

En esos momentos la fotografía se presenta a menudo en forma de inventarios o colecciones, fraguando un modo de trabajar que será decisivo para los procesos fotográficos hasta nuestros días: la superación de la imagen individual, aislada, frente a la serie o la colección de fotografías. A su vez, el trabajo de selección de imágenes abre infinitas posibilidades para el desarrollo posterior de la fotografía, al considerarse trabajo creativo no solo el tomar las fotografías, sino también editarlas, clasificarlas y ordenarlas. Como ha señalado Oliver Lugon, «para los defensores del "estilo documental", el arte fotográfico es considerado no una *toma*, sino más bien una *construcción*, efectuada por etapas y resultante tanto de la proyección como de la reevaluación de las imágenes, como de su creación»[2].

Y esa construcción, a su vez, abriría también la puerta a la apropiación de imágenes del archivo de la cultura algún tiempo después, a partir de la década de 1960. Las series de imágenes de Hans-Peter Feldmann o los *collages* de Alessandra Spranzi identifican un gesto artístico en la elección de materiales encontrados y retrabajados, sea mediante la ampliación y el desenfoque para trascender la cotidianeidad doméstica del motivo floral en el caso de Feldmann, o mediante el recorte, el *collage* o la aplicación de barniz sobre láminas botánicas en el trabajo de Spranzi. Por otro lado, Mathieu Mercier lleva al límite la idea de estandarización al conectar una serie de flores con los pantones, que aluden a una clasificación universal de colores en la imagen digital.

Artistas como Feldmann o Spranzi, pero también Richard Hamilton mediante la ironía y la apropiación de imágenes de la publicidad, o Nobuyoshi Araki al introducir la idea de decadencia en sus imágenes de flores, empiezan a resquebrajar esa imagen ideal, estática y universal que las láminas botánicas y la Nueva Objetividad pretendían para la naturaleza. Pero serán otros autores, también presentes en este libro y la exposición, los que planteen que la naturaleza no se puede fijar en una imagen, pues no es ni puede ser estática, ni para la ciencia ni para el arte. Jochen Lempert y Jonas Mekas, desde la imagen fija en blanco y negro o la imagen fílmica en color, nos muestran que es necesaria «una investigación encarnada, que trate de alcanzar un conocimiento desde la subjetividad»[3]. Y es de nuevo a través del montaje de imágenes en el espacio expositivo o en el cine donde diferentes modos de existencia aparecen, vivos y cambiantes, en estrecha dependencia unos de otros.

2. Citado en Olivier Lugon, *El estilo documental. De August Sander a Walker Evans 1920-1945*, Ediciones Universidad de Salamanca, Salamanca, 2010, p. 279.

3. Patrizia Dander, «De la vida», en *Relación. Jochen Lempert*, CA2M, Madrid, 2018, p. 43.

INTRODUCTION

Nuria Enguita

The representation of nature lies at the origins of the art of painting, but also at those of photographic practice, in fulfilment of one of the highest ideals of Romanticism, the image as "materialisation of the Absolute".[1] Through the camera, nature represents itself without any need for the hand of the artist. While botanical science and the representation of plants and flowers had spread in the 18th century thanks to Carl Linnaeus, Alexander von Humboldt and, most essentially, José Celestino Mutis, whose work attempted to classify and taxonomise nature at the service of the conquest and appropriation of new territories, photography and its precedents secured the dominion of science over the measureless power of nature, which could now be mastered and controlled through a prodigy invented by man. In its turn, photography very soon took on archival qualities owing to its capacity to store data and the precision of its records, and it quickly became part of apparatuses of knowledge and control, as Carles Àngel Saurí shrewdly points out in this publication.

The exhibition "Botanicals" and this accompanying book bring together various works from the Per Amor a l'Art Collection whose fundamental motive is the representation of plants and flowers. Ever since it first appeared, photography has gone hand in hand with botany, and this fruitful relationship is anticipated by even earlier experiments like the photograms of Henry Fox Talbot or the cyanotypes of Anna Atkins.

The botanical plates of the 18th century, which came to form part of scientific and aristocratic cabinets, were already intended to offer an ideal representation of plants, with frontal views, dissections of the flower and details of the

1. Paola Cortés-Rocca, *El tiempo de la máquina. Retratos, paisajes y otras imágenes de la nación,* Ediciones Colihue S.R.L., Buenos Aires, 2011, p. 33 ff. Our translation.

fruit, in a search for an extreme clarity that would aid both scientific and aesthetic analysis. As inspirations for ornamental art, these beautiful natural forms were copied and stylised in artistic representations, and at the start of the 20th century, in both Germany and the United States, what was generically termed the "documentary style" in photography embarked on a registry of the real that took nature as one of its fundamental interests.

An extreme and exemplary case was that of the photographer Karl Blossfeldt. At the end of the 19th century, when he was working as a teacher of modelling at the School of Applied Arts in Berlin, he took a series of photographs of plants intended as ornamental models for his students. He was interested in forms, the architecture of plants, the interplays of lines and shapes or the beautiful curves of their structure. Blossfeldt was classed under Neue Sachlichkeit (New Objectivity), a movement which, like Direct Photography in the United States, was aimed at representing the real without any kind of subjectivity, despite the contempt for ornament that spread through Germany in the 1920s. Albert Renger-Patzsch in Germany, with photographs in which he captures the simple beauties of the world, or Imogen Cunningham in the United States, with her direct style, may be regarded as representative of this tendency, and both participated in the great "Film und Foto" exhibition in Stuttgart in 1929. That event consecrated the movement, marked by an apparently absolute clarity and a frontal and integral view, with no framing effects or personal features. Both took photographs of plants in an attempt to fix their unique characteristics. Once again, these were supposedly "objective" representations, like those of the old botanical plates, made "without the intervention of the artist's hand".

At that time, photography was often presented in the form of inventories or collections, forging a working method that was to be decisive for photographic processes up to the present day. The isolated individual image was thus superseded by the series or collection of photographs. In its turn, the work of selecting images opened up infinite possibilities for the later development of photography, since it was now considered creative work not only to take photographs but also to edit, classify and organise them. As Olivier Lugon has pointed out: "For the defenders of the 'documentary style', photographic art is considered not as a *shot* but rather as a *construction*, carried out in phases and resulting from both the projection and the re-evaluation of images as well as their creation."[2]

In turn, that construction also opened the gates from the 1960s onwards for the appropriation of images from the cultural archive. The series of images of Hans-Peter Feldmann or the collages of Alessandra Spranzi identify an artistic gesture in the choice of found and reworked materials, whether through the use of enlargement and blurred focus to transcend the everyday domesticity of the floral motif in the case of Feldmann, or through cropping, collage or the application of varnish to botanical plates in the work of Spranzi. In the meantime, Mathieu Mercier takes the idea of standardisation to its limits by connecting a series of flowers to the Pantone charts that allude to a universal classification of colours in the digital image.

Artists like Feldmann and Spranzi, and also Richard Hamilton with his use of irony and the appropriation of images from advertising, or Nobuyoshi Araki with his introduction of the notion of decadence to his images of flowers, started to shatter the ideal image, static and universal, that was sought for nature by the botanical plates and New Objectivity. However, it was other artists, also represented in this book and exhibition, who proposed that nature cannot be fixed in an image, since it is not and cannot be static for either science or art. Whether using the black and white still or the filmed image in colour, Jochen Lempert and Jonas Mekas show us the need for "an inward investigation that will strive to attain knowledge from subjectivity."[3] And it is once more through the montage of images in the exhibition space or in the cinema that different modes of existence appear, living and changing, in close interdependence with one another.

2. Quoted in Olivier Lugon, *El estilo documental. De August Sander a Walker Evans 1920-1945*, Ediciones Universidad de Salamanca, 2010, p. 279. Our translation.

3. Patrizia Dander, "De la vida", *Relación. Jochen Lempert*, CA2M, Madrid, 2018, p. 43. Our translation.

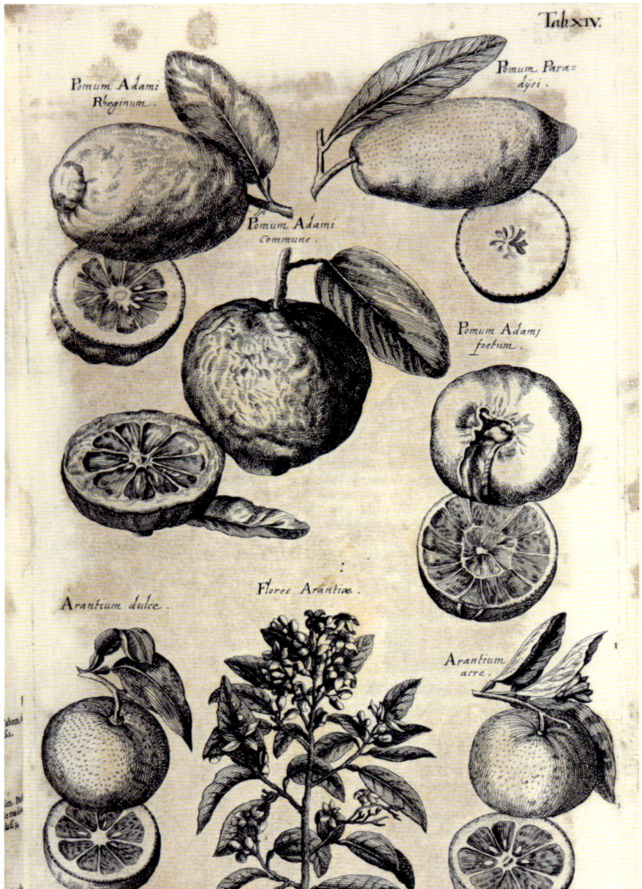

Johannes Jonstonus, *Dendographias sive Historiae Naturalis de arboribus et fruticibus tam nostri quam peregrini orbis libri decem: figuris aeneis adornati. Francofurti ad Moenum: typis Hieronymi Polichii: sumptibus haeredum Matthaei Meriani*, 1662, Universitat de València, Biblioteca Històrica.

UN BREVE ACERCAMIENTO A LA CONSTRUCCIÓN DE LA REPRESENTACIÓN VEGETAL

Carles Àngel Saurí

En 1737 Carl Linnaeus, botánico precursor del reconocimiento taxonómico moderno, visita la colección de plantas de George Clifford. Junto al noble coleccionista, el botánico se refirió a la colección de Clifford como «grandes obras de la naturaleza colocadas con arte»[1]. La mezcla entre la idea del orden y el gusto, el concepto de obra de arte y la práctica del coleccionismo se entremezclaron en esa frase tan sumamente banal pero cargada de política. La arquitectura del jardín de Clifford escondía detrás de su impacto estético una necesidad por estructurar el mundo, contenerlo y representarlo. Para científicos como Linnaeus, ponerse frente a esas grandes colecciones suponía una oportunidad de estudiar la naturaleza a partir de su mirada. La cuestión tal vez sea que, como dice Santiago Beruete, «mirar produce de forma casi inevitable una narrativa. Tal vez porque los seres humanos somos capaces de soportar muy poco la realidad, construimos ficciones»[2], y esas ficciones serán las que, entendiéndose como cultura, produzcan los significantes necesarios para aprehender el mundo.

1. John Hix, *The Glass House,* The MIT Press, Cambridge, Massachusetts, 1974, p. 13.
2. Extracto de *EXIT #71 - Jardín,* Madrid, 2018, p. 40. Texto procedente de Santiago Beruete, *Verdografía o cómo la naturaleza nos enseña a ser humanos,* Editorial Turner, Londres, 2018. Traducción de Caroline Svensen.

Botánicas es una exposición que relaciona toda una serie de ficciones sobre el mundo vegetal. Un cúmulo de diferentes miradas que dan forma a la realidad de una flor más allá de su posición natural para devenir un relato científico, ornamental, crítico o estético. Coleccionar la obra de artistas que sitúan a las plantas como protagonistas de sus obras construye un archivo en el que, al sumergirse, pueden desencriptarse toda una serie de tropos provenientes del régimen escópico del pensamiento occidental. A través del jardín de plantas fotografiadas de la Colección Per Amor a l'Art se puede observar el movimiento especulativo de la representación de una planta y cómo este puede fluctuar desde la proyección de su forma plástica hasta la observación científica de su especie.

El estudio de las flores ha sido una constante dentro de la historia del arte occidental. Los dibujos de Jacopo Ligozzi a mitad del siglo XVI o las pinturas de Girolamo Pini en el siglo XVII muestran cómo el arte se acercaba a la objetivación de la naturaleza a través de la construcción de una imagen estática. Las pinturas de ambos artistas construían un significante que ayudaba a taxonomizar la organicidad del mundo. Ligozzi fue el pintor de Francisco I de Médicis después de la muerte de Vasari; entre sus encargos despuntarán las ilustraciones sobre animales y plantas. Girolamo Pini, su sucesor, seguirá la práctica de representación naturalista de Ligozzi, transformando las ilustraciones del maestro en pinturas florales. Ambos utilizaban la imagen para producir un documento que clasificase, y legitimase, una forma junto a un nombre. El estudio de la nomenclatura de las formas naturales, la botánica o la geología, constituye un archivo de conocimiento que se verá reforzado al ser ilustrado por el arte. Mientras la palabra da un espacio conceptual a la especie vegetal, el arte sirve para otorgarle una forma visual concreta.

Las obras de Ligozzi y Pini fueron, en muchos casos, encargos para ilustrar los objetos, animales y plantas exóticas que llegaban de las rutas comerciales de Asia y África. Siglos después, cuando estas rutas fueron renovadas a partir de la colonización de América, la representación de la naturaleza de mano de los artistas se volverá una necesidad para el dispositivo colonial. Dentro de este proceso, el arte construyó las herramientas con las que aprehender el mundo. Alexander von Humboldt fue uno de los mayores exponentes de la modernización de la ciencia. Sus trabajos e ilustraciones contribuyeron a cartografiar los nuevos territorios. Viajó a través de Asia Central, Europa y América del Sur y del Norte para ilustrar y representar su forma y su contenido. Entender que la pintura o el género estilístico del científico eran algo más que un ejercicio plástico es necesario para poner en crisis un régimen escópico que acaba produciendo no solo un objeto contemplativo, sino también un documento significante que genera un fragmento de la realidad que será llevado a Europa. Las pinturas y dibujos de los botánicos serán un dispositivo más para el potencial reconocimiento de la geografía y la naturaleza de unos territorios que la Europa moderna colonizará. La mirada científica de Humboldt y los artistas que acompañaron a las expediciones financiadas por las potencias europeas de los siglos XVIII y XIX afianzarán un modelo estético de representación de la naturaleza presumiblemente objetivo.

La muestra visual de aquello desconocido o por conocer (y extraer) dotará de objetividad científica a unas imágenes que, junto con el ascenso de una sociedad que promueve la hegemonía del pensamiento racional, producirán unos patrones de representación que funcionen como herramientas de volcado de la memoria. Era necesario estudiar cualquier piedra, planta o territorio porque cualquier cosa podía ser sujeto por conocer y extraer. Todas las plantas con las que se cruzaba Humboldt debían ser registradas; ¿quién sabía si esa planta podría tener un uso medicinal o un rendimiento más alto para la agricultura? Los tratados botánicos de Humboldt o las pinturas de Johann Moritz Rugendas entendían la naturaleza, al decir de César Aira, como documentación. «No había datos inconexos. El orden ya estaba implícito en la revelación fenoménica del mundo, el orden del discurso conformaba las cosas mismas. Y en ese orden participaba su actual estado, del que en consecuencia era necesario examinar el aparente caos visionario o maniático y reducirlo a sus formas de razón»[3]. La imagen debía ser autónoma, desprendida de su contexto para poder ser estudiada y clasificada de una manera lo más objetiva posible. Poco a poco se fue afianzando una forma de representar la planta o la flor fuera de su espacio, produciendo una pintura o un dibujo que la mostrara en un plano frontal. Sin embargo, la necesidad de construir un documento lo más objetivo posible hará que la cultura occidental siga investigando en la invención de una tecnología de la captación de lo real más sofisticada.

La invención de la fotografía se enmarca dentro de este imaginario en el que el mundo debía ser capturado en su representación. En la Royal Society de Inglaterra, de la que había sido miembro Humboldt, John Herschel trabajaba en la fijación de las sales de plata, un elemento necesario para que Henry Fox Talbot diese forma a la tecnología de la fotografía. Herschel, junto a su mujer, Margaret Brodie Stewart, produjo un compendio de imágenes botánicas en su viaje a Ciudad del Cabo. A su vez, Herschel estudia otras tecnologías de captura de la realidad como la cianotipia, técnica que utilizaría Anna Atkins en su compendio de algas *British Algae: Cyanotype Impressions* (*Algas británicas. Cianotipias*). «La botánica no se ocupa de cosas que cambian con el tiempo o el lugar, sino de organismos que se imaginan perennes y estables: formas abstractas fijas que pueden transformarse en datos»[4]. Por ello, tanto la Royal Society como Herschel o Atkins necesitaban dispositivos y tecnologías que consiguiesen estos objetos fijos. La aparición de la fotografía fue en parte un invento propiciado por un contexto que reclamaba objetivar la realidad, capturarla y construir compendios con ella.

La fotografía y su posterior sofisticación técnica dieron lugar a nuevas maneras de trabajar y componer la representación de la realidad. Mientras, una serie de fotógrafos a principios del siglo XX percibieron el objeto

3. César Aira, *Un episodio en la vida del pintor viajero*, Penguin Random House, Madrid, 2015, p. 66.
4. Antonio Lafuente y Nuria Valverde, «Linnean Botany and Spanish Imperial Biopolitics», en Londa Schiebinger y Claudia Swan (eds.), *Colonial Botany. Science, Commerce, and Politics in the Early Modern World*, University of Pennsylvania Press, Filadelfia, 2004, pp. 134-147.

vegetal desde un punto de vista frontal, objetivo y con una clara visión genealógica de la composición científica. Otras autoras como Imogen Cunningham utilizarán la óptica de la cámara para crear una serie de obras en las que las flores se entienden como formas estéticas, con tendencia no ya a una abstracción taxonómica pensada para el archivo del conocimiento, sino como un elemento con el que jugar a construir una imagen de deseo plástico. En parte, todos los Ligozzis, Pinis, Humboldts o Atkins presentaban en sus documentos botánicos un ensimismamiento por la belleza de sus modelos vegetales. Y aunque la miraca científica instrumentalizase la representación plástica de la naturaleza, las escuelas de arte siempre utilizaron el modelo natural como elemento educativo. Los tratados de dibujo y las escuelas intentaban afianzar en sus alumnos las formas de la naturaleza a través de la copia y repetición de los modelos. Durante muchos años las escuelas de arte trabajaban con réplicas escultóricas de diferentes elementos anatómicos, vegetales o animales. La ratio de las clases permitía que en las academias todos los alumnos viesen el modelo. Sin embargo, a principios del siglo XX y con la liberalización y la masificación de la educación en Alemania, las clases aumentan y son necesarios nuevos dispositivos visuales con los que trabajar. Karl Blossfeldt, escultor, fotógrafo autodidacta y profesor de modelado y vaciado de hierro de la Escuela de Artes Aplicadas de Berlín, produjo una serie de imágenes de plantas para que sirvieran de modelo a sus alumnos de la escuela de artes y oficios. Estas imágenes, que eran fotografías que el autor utilizaba como material destinado a que sus alumnos pudieran tener referencias para diseñar y crear piezas ornamentales en hierro fundido, fueron recogidas en 1928 en un libro titulado *Urformen der Kunst* (*Formas originales del arte*).

La manera con la que Karl Blossfeldt fotografió sus modelos tenía un enfoque frontal y una estética naturalista, gestos que lo llevaron durante mucho tiempo a ser considerado parte del movimiento de la Neue Sachlichkeit (Nueva Objetividad). La Nueva Objetividad fue una corriente alemana que vio en la fotografía un dispositivo con el que reflexionar sobre la presentación del objeto. Para este grupo de fotógrafos, la imagen-fotografía es producida por una tecnología de captación de la realidad supuestamente objetiva debido a sus capacidades tecnológicas y definitorias. Albert Renger-Patzsch, uno de sus exponentes, veía el potencial de este dispositivo a partir de su capacidad de producir un relato realista. La Neue Sachlichkeit también tenía algo de componente metalingüístico, algo así como continuar con ciertos patrones y modelos establecidos. Utilizando el plano frontal, directo y descriptivo empleados en la botánica y la ciencia para ilustrar el mundo, los autores como Renger-Patzsch legitimaban la posición objetiva de la fotografía. En el fondo, usaban la metodología de composición científica como un *ready-made* en sus obras, en las que el empleo de la composición como recurso discursivo legitimaba la objetividad de la tecnología usada. Dentro del marco teórico, las posiciones de la Neue Sachlichkeit fueron puestas en crisis rápidamente por Walter Benjamin en su obra *El autor como productor* (1934).

La fotografía propició un volcado obsesivo y popular de la memoria visual, todo fue proclive a ser fotografiado y almacenado en un gran repertorio visual dividido en archivos y colecciones. La fotografía y la botánica comparten un miedo irracional por la pérdida de memoria. La popularización de la fotografía y la aparición del turismo de masas en el siglo XX acrecentó la esquizofrenia representativa de occidente. La fotografía y los nuevos medios de comunicación propiciaron que cualquier persona (occidental y de clase media alta) se volviese un pequeño Humboldt. El viaje de Pierre Verger por Togo documenta la búsqueda de aquello inexplorado que se resolverá en una imagen exótica; la otredad se vuelve modelo frente a la cámara reportera. En las obras de Pierre Verger se activa el subconsciente de la historia de la fotografía del relato del viaje antropológico. Años después estos subconscientes serán recuperados de forma crítica en la obra de artistas como Juan del Junco.

Tal vez el relato del propio texto oculte en algún momento la fascinación que provoca la simple presencia de una flor. Una fascinación que produce un deseo de construcción de objetos que intentan reproducir ese impacto estético. La fotografía concede la capacidad de generar una reproducción sintética de ese momento de *shock* visual. La producción de Jonas Mekas *Flowers* (*Flores*, 1968-2017) redobla esa idea de síntesis. El autor lituano se deja perder con su cámara de vídeo entre la vegetación, produciendo un archivo en formato vídeo que luego pasará a fotografías. Las flores de Jonas Mekas son un viaje hipersintético que va pasando de un sistema de producción de la imagen a otro sin dejar de ocultar la belleza de las plantas. *Flowers* proyecta una imagen melancólica del encanto de una naturaleza que se sintetiza en la tecnología de captación de la imagen. Las fotografías invitan a perderse dentro de un jardín de flores infinito.

La fotografía posibilita la ilusión de evitar la muerte de la flor, ese instante bello y dramático de la vida de una planta que tiene un tiempo finito. La fotografía congela ese instante y lo hace eterno; es, de una manera poética, una victoria frente a la muerte. Frente a la belleza efímera de la realidad, la síntesis irresistible de una fotografía y su capacidad material de vencer el paso del tiempo. Hans-Peter Feldmann observa las plantas a través de la exposición exagerada de su impacto visual. El gran formato en el que están impresas las tomas exagera la recepción del motivo vegetal y genera en la espectadora y el espectador un deseo que acaba convirtiéndolos en pequeños seres manipulados por el impacto estético de las obras. La obra de Feldmann va un paso más allá; hay toda una serie de conexiones en sus piezas que atraviesan las referencias relatadas en este texto. Sus flores representan la vuelta posmoderna de la historia de la representación de las plantas. En primer lugar, el fotógrafo alemán bebe de toda genealogía que parte del estudio botánico, toca la primera fotografía científica, que se teoriza con la Neue Sachlichkeit, y en sus manos todo esto se vuelve un motivo con el que hacer referencia y descontextualizar esa composición hegemónica. La composición y el punto de vista frontal han dado tantas vueltas que ya solo por su presencia producen un relato visual legitimador y objetivo; puede que sea la trampa en la que nos haga caer Feldmann. ¿Quién puede admitir que las flores de Feldmann sean orgánicas o una copia de plástico? Es difícil saberlo, hay una línea muy delgada entre el simulacro y la realidad disuelta por una manera de presentar que activa todo el subconsciente científico con el que viene cargado el plano frontal y su relato objetivo. La cosa representada parece orgánica, pero tal vez no deje de ser una copia, y así es como Feldmann cristaliza una obra plagada de referencias. El concepto de archivo es un recurrente dentro de la poética de Hans-Peter Feldmann. Sus *Blumenbild* (*Imagen de flor*, 2006) son por sí mismas un archivo meta-lingüístico de la representación de las plantas. Con idénticas premisas, tropos y construcciones que la fotografía botánica, la obra del fotógrafo se enmarca dentro de la búsqueda y la sensibilidad de una estética exageradamente *kitsch*. Las flores de Feldmann borran la línea que separa lo objetivo de lo deseante y funden en una misma forma toda una historia de representaciones.

Si mirar es una manera de producir narrativa, representar es la construcción del significante político. La cultura occidental necesita clasificar, necesita la representación para dar forma y lugar en el archivo a aquello que debe aprehender de la realidad. Todo se puede sintetizar en un esquema, en una estructura o en una carta de colores para su debido estudio. Las obras de Mathieu Mercier reducen las plantas fotografiadas a una carta de colores. Esta carta de colores reduce la flor a una representación cromática en la cual una planta pasa a ser definida por los colores que la conforman. El archivo del conocimiento occidental basado en el orden enciclopédico trabaja a partir del aislamiento del objeto estudiado: los botánicos coloniales aislaban las plantas de sus contextos para sus análisis autónomos; la medicina atomiza los órganos para su estudio; los museos aíslan las obras de sus colecciones… Todo elemento precisa ser reducido a un símbolo que sintetice y pueda hablar en clave genérica sobre sus condiciones y, de este modo, entrar en el orden del archivo. Las cartas de colores de Mercier serían un significante reductor de esa planta que da una entrada en el índice del archivo y que generaliza a toda una especie por la carta cromática de un elemento en particular.

Los colores de las *pantoneras* no dejan de ser reducciones que funcionan como entradas de un gran archivo del conocimiento donde textos, imágenes, cuerpos y formas se mezclan a la espera de ser activados. A partir de estos símbolos culturales, Alessandra Spranzi produce unos *collages* con textos sobre botánica y recortes en los que la flor se convierte en una silueta. Un vaciado que deja la representación libre de ser significada visualmente para convertirse en un hueco por el que ver los estratos inferiores del *collage*, un pliegue entre capas en el que la silueta de una flor deja entrever líneas de textos botánicos. Spranzi trabaja la representación desde la posición negativa, revirtiendo la forma en un vacío de contenido visual; el significante agotado desaparece para volverse una silueta imposible de sintetizar. Las *Fiori* (*Flores*, 2016) recortadas de Spranzi conceden, por primera vez en esta historia de la representación floral, un espacio para que la espectadora y el espectador rellene con su proyección mental la planta representada. Un espacio donde no se ilustra, sino que se invita a producir y pensar *una* planta y no *la* planta.

Artistas como Jochen Lempert también se sumergen en el archivo subconsciente de la representación de los fenómenos naturales. A principios de los años noventa Lempert abandona los estudios teóricos de biología para entablar una nueva relación con la naturaleza a partir de la mediación de una cámara de fotos. Las imágenes que crea el fotógrafo son una abstracción de este pasado de biólogo y, a su vez, también de la historia del propio dispositivo fotográfico. Fotografías que componen escenas banales, abstractas o descriptivas, pero que guardan una mirada cargada de un lenguaje personal y en busca perpetua de la belleza. El trabajo de Lempert no se limita al propio objeto fotográfico, sino que entiende el espacio expositivo como un terreno de intervención; las plantas fotografiadas de Lempert precisan de un trabajo de jardinería. La objetualidad de sus impresiones sin marco busca un propósito instaurativo dentro del espacio expositivo. Doscientos ochenta y dos años después de la frase de Linnaeus frente al jardín de George Clifford, la cultura occidental ha encontrado la manera de producir jardines de representaciones de plantas.

Tal vez nunca muera la fascinación de la belleza orgánica que despiertan una planta o una flor. Tal vez si continuamos la deriva de una sociedad que se reviste de capas sintéticas, ese embelesamiento cada vez sea más fuerte. Tal vez por ello todos nuestros dispositivos de reproducción visual de la realidad acaben posándose sobre una flor. Sin embargo, mientras continuemos construyendo imágenes seguirá siendo necesario el análisis forense de su propia construcción. La manera con la que producimos objetos que deben ser mirados construye relato. Por muy (in)ofensiva que pueda parecer una flor, la creación de su imagen viene afectada por sus tropos. El subconsciente de la historia del arte permanece presente en la mirada del espectador y de la espectadora. Algo que, tomando prestado rápidamente de Carl Jung, estructura un inconsciente colectivo que vierte una serie de arquetipos que, a través de su repetición y su aposentamiento cultural, devienen símbolos. Así, un banal plano frontal no deja de remitir a la historia de la objetivación, de la clasificación y de la extracción de los elementos naturales del mundo.

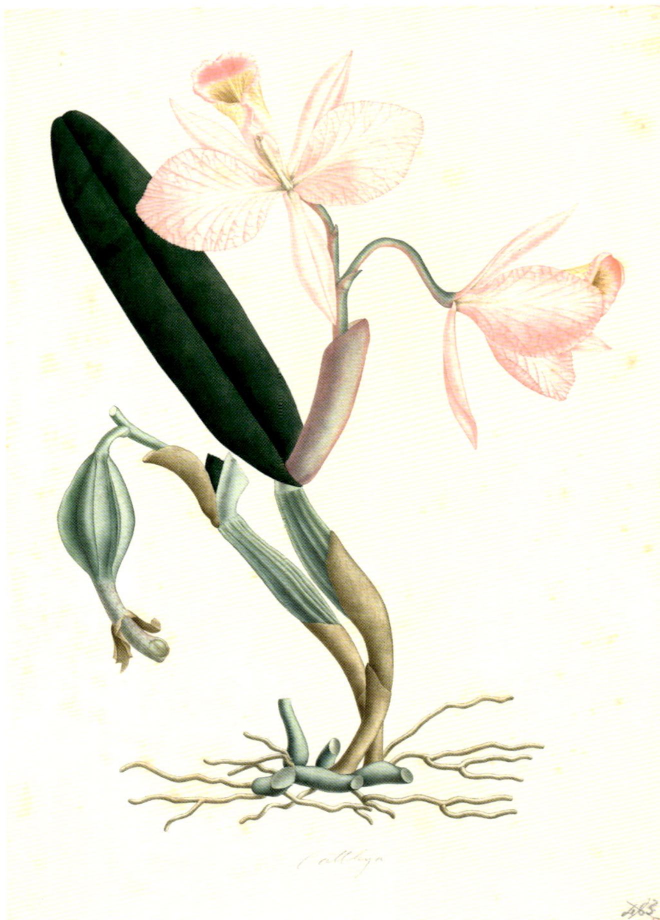

Anónimo / Anonymous, *Cattleya trianae*, Real Expedición Botánica del Nuevo Reino de Granada (1783-1816), Archivo del Real Jardín Botánico, CSIC.

A BRIEF APPROACH TO THE CONSTRUCTION OF VEGETABLE REPRESENTATION

Carles Àngel Saurí

In 1737, the botanist Carl Linnaeus, the precursor of modern botanical taxonomy, went to visit George Clifford's collection of plants. The botanist referred to Clifford's collection, with the noble collector's acquiescence, as "great works of nature arranged with art."[1] The idea of order and taste, the concept of the work of art and the practice of collecting are all blended together in that phrase, so banal yet so fraught with politics. Behind its aesthetic impact, the architecture of Clifford's garden hid a need to structure the world, contain it and represent it. For scientists like Linnaeus, visiting those great collections meant a chance to study nature on the basis of the gaze. The question is perhaps, as Santiago Beruete says, that "looking almost inevitably produces a narrative. Perhaps because human beings are able to bear only so much reality, we construct fictions,"[2] and those fictions, understood as culture, produce the signifiers necessary to apprehend the world.

"Botanicals" is an exhibition that interrelates a whole series of fictions on the vegetable world. It is a cumulation of different gazes that give shape

1. John Hix, *The Glass House,* The MIT Press, Cambridge, Massachusetts, 1974, p. 13.
2. Extract from *EXIT #71 - Jardín,* Madrid, 2018, p. 40. Text taken from Santiago Beruete, *Verdografía o cómo la naturaleza nos enseña a ser humanos.* Editorial Turner, Madrid, 2018

to the reality of a flower beyond its natural position to become a scientific, ornamental, critical or aesthetic narrative. Collecting the oeuvre of artists who make plants into the centre of their works means constructing an archive whose depths contain the key to a whole range of tropes originating in the scopic regime of western thought. Through the garden of photographed plants of the Colección Per Amor a l'Art, it is possible to observe the speculative movement of the representation of a plant, and how it can fluctuate from the projection of its plastic form to the scientific observation of its species.

The study of flowers has been a constant feature of the history of western art. The drawings of Jacopo Ligozzi in the mid-16th century or the paintings of Girolamo Pini in the 17th show how art approached the objectivisation of nature through the construction of a static image. The works of both artists constructed a signifier that would help to taxonomise the organicity of the world. Ligozzi was the painter of Francesco I de' Medici after the death of Vasari, and illustrations of plants and animals feature prominently among his commissions. Girolamo Pini, his successor, followed Ligozzi's practice of naturalist representation, transforming the master's illustrations into floral paintings. Both used the image to produce a document that would classify and legitimise a form alongside a name. The study of the nomenclature of natural forms, botany or geology, constitutes an archive of knowledge that will be reinforced by artistic illustration. While the word bestows a conceptual space upon the vegetable species, art serves to give it a concrete visual form.

The works of Ligozzi and Pini were in many cases commissions to illustrate the objects, animals and exotic plants that arrived on the commercial routes from Asia and Africa. Centuries later, when those routes were renewed through the colonization of America, the representation of nature by artists became a necessity for colonial administration. Within this process, art fashioned the tools with which to apprehend the world. Alexander von Humboldt was one of the chief exponents of the modernisation of science, and his works and illustrations helped to map the new territories. He travelled through Central Asia, Europe and South and North America to illustrate and represent their form and content. It is necessary to understand that the painting or stylistic genre of the scientist were something more than an artistic exercise, for this problematises a scopic regime that ultimately produces not only a contemplative object but also a signifying document that generates a fragment of reality, one which is then taken to Europe. The paintings and drawings of the botanists were one more device for the potential recognition of the geography and natural history of territories that modern Europe was to colonise. The scientific gaze of Humboldt and the artists who accompanied the expeditions financed by the European powers of the 18th and 19th centuries helped to secure a presumably objective aesthetic model for the representation of nature.

The visual representation of the unknown or yet to be known (and extracted) lent scientific objectivity to images which, together with the rise of a society that promoted the hegemony of rational thought, produced patterns of representation functioning as tools for storing memory. Every stone, plant or territory had to be studied because anything could be a subject of knowledge and extraction. All the plants Humboldt came across had to be recorded, for who knew if that plant might not have a medicinal use or higher agricultural yield? The botanical treatises of Humboldt and the paintings of Johann Moritz Rugendas understood nature, as César Aira says, as documentation. "There were no unconnected data. Order was already implicit in the phenomenal revelation of the world, and the order of the discourse shaped the things themselves. And one part of that order was its current state, whose apparent visionary or maniacal chaos it was consequently necessary to examine and reduce to forms of reason."[3] The image had to be autonomous and stripped of its context in order to be studied and classified as objectively as possible. Little by little, there established itself a way of representing the plant or

3. César Aira, *Un episodio en la vida del pintor viajero*, Penguin Random House, Madrid, 2015, p. 66.

flower outside its space, producing a painting or drawing that would show it frontally. Nevertheless, the need to construct as objective a document as possible led western culture to continue researching the invention of a more sophisticated technology for capturing the real.

The invention of photography is framed by an imaginary context where the world had to be captured through representation. At Britain's Royal Society, of which Humboldt had been a member, John Herschel was working on a fixing agent for silver salts, a necessary step towards the shape given by Henry Fox Talbot to the technology of photography. Herschel and his wife, Margaret Brodie Stewart, produced a compendium of botanical images on their journey to Cape Town. In his turn, Herschel studied other technologies for capturing reality, such as the cyanotype, a technique that was to be used by Anna Atkins for her *British Algae: Cyanotype Impressions*. "Botany does not deal with things that change with time or place, but with organisms that are imagined to be perennial and stable: fixed abstract forms that can be converted into data."[4] For this reason, the Royal Society, like Herschel and Atkins, needed devices and technologies that would achieve these fixed objects. The appearance of photography was in part an invention propelled by a context that needed to objectivise reality, capture it, and build compendiums with it.

Photography and its subsequent technical sophistication gave rise to new ways of working and composing the representation of reality. In the meantime, a series of early 20th-century photographers perceived the vegetable object from an objective frontal viewpoint, and with a clear genealogical vision of its scientific composition. Others, like Imogen Cunningham, used the lens of the camera to create a series of works where flowers are understood as aesthetic forms. The tendency here is no longer towards a taxonomic abstraction intended for filing knowledge, but an

4. Antonio Lafuente and Nuria Valverde, "Linnean Botany and Spanish Imperial Biopolitics", in Londa Schiebinger and Claudia Swan (eds.), *Colonial Botany. Science, Commerce, and Politics in the Early Modern World*. University of Pennsylvania Press, Philadelphia, 2004, pp. 134-147.

element with which to play at constructing an image of plastic desire. In part, the botanical documents of all the Ligozzis, Pinis, Humboldts and Atkinses betray a certain absorption in the beauty of their vegetable models. Although the scientific gaze instrumentalised the artistic representation of nature, art schools always used the natural model as an educational tool. Treatises and schools of drawing tried to imbue pupils with the forms of nature through the copy and repetition of models. For many years, art schools worked with sculptural replicas of different anatomical, vegetable or animal elements. The low teacher-student ratio in the classes meant that all the students at the academies could see the model. With the liberalisation and widespread growth of education in Germany in the early 20th century, however, classes grew larger and new visual devices became necessary. Karl Blossfeldt, sculptor, self-taught photographer and teacher of modelling and iron casting at the School of Applied Arts in Berlin, produced a series of images of plants that would serve as models for his pupils at the arts and crafts school. These pictures, which were photographs used as reference material for his students to be able to design and create ornamental pieces in molten iron, were collected in 1928 in a book entitled *Urformen der Kunst* (*Art Forms in Nature*).

The way in which Karl Blossfeldt photographed his models had a frontal focus and a naturalist aesthetic, features that led him to be considered for a long time as part of the Neu Sachlichkeit (New Objectivity) movement. New Objectivity was a German tendency that saw photography as a device with which to reflect on the presentation of the object. For this group of photographers, the photographic image is produced by a technology for capturing the real that is supposedly objective owing to its techno-logical capacity for definition. Albert Renger-Patzsch, one of its exponents, saw the potential of this device in its ability to produce a realistic portrait. Neue Sachlichkeit also had something of a metalinguistic component in its continued use of certain established models and patterns. By using the directly descriptive frontality that botany and science employed to illustrate the world, artists like Renger-Patzsch legitimised the objective position of photography. At heart, they were using the methodology of scientific composition as a 'ready-made' in their works, in which the use of composition as a discursive resource legitimised the objectivity of the technology employed. Within the theoretical framework, the positions of Neue Sachlichkeit were rapidly problematised by Walter Benjamin in his work *The Author as Producer* (1934).

Photography led to an obsessive popular hoarding of visual memory. Everything was liable to be photographed and stored in a great visual repertory divided into archives and collections. Photography and botany share an irrational fear of the loss of memory. The popularisation of photography and the appearance of mass tourism in the 20th century increased the representative schizophrenia of the West. Photography and the new media enabled anyone (western and upper-middle class) to become a little Humboldt. The travels of Pierre Verger in Togo are the documentary of a search for the unexplored that will be resolved in an exotic image. Otherness becomes a model for the reporter's camera. What is activated in the works of Pierre Verger is the subconscious of the photographic history of the narrative of the anthropological expedition. Years later, that plural subconscious was critically retrieved in the work of artists like Juan del Junco.

At times, the narrative of the text itself perhaps hides the fascination aroused by the mere presence of a flower. This fascination produces a desire to construct objects that try to reproduce that aesthetic impact. Photography grants the ability to generate a synthetic reproduction of that moment of visual shock. Jonas Mekas's *Flowers* (1968-2017) redoubles that notion of synthetic irresistibility. The Lithuanian artist loses himself with his camera amidst the vegetation, producing an archive in video format which he then transfers to photographic prints. The flowers of Jonas Mekas are a hypersynthetic voyage that goes from one system of image production to another without ever hiding the beauty of the plants. *Flowers* projects a melancholy image of the charm of a nature that is synthesised in the technology for capturing images. The photographs invite us to lose ourselves in an infinite garden of flowers.

The photograph enables the illusion that the death of the flower, that beautiful and dramatic moment in the life of a plant whose time is finite, can be prevented. The photograph freezes the instant and makes it eternal. In a poetic way, it is a victory over death. The ephemeral beauty of reality is confronted by the synthetic irresistibility of a photograph and its material capacity to defeat the passage of time. Hans-Peter Feldmann observes plants through the exaggerated exposure of their visual impact. The large-format prints of his photographs exaggerate the reception of the vegetable motif and generate a desire in viewers that ultimately turns them into small beings manipulated by the aesthetic impact of the works. Feldmann's work also goes a step further. There are many connections in his pieces that run through the references mentioned in this text. His flowers represent the postmodern return of the history of the representation of plants. In the first place, the German photographer draws on every genealogy rooted in botanical study, touches on the first scientific photography theorised with Neue Sachlichkeit, and turns all this into a motif with which to refer to that hegemonic composition while decontextualizing it. The composition and the frontal viewpoint have been through so much that their mere presence now produces a legitimising and objective visual narrative. This may well be the trap into which Feldmann lures us. Who can vouch for Feldmann's flowers being organic or plastic copies? It is hard to tell, for there is a very thin line between the simulacrum and the real that is dissolved by a mode of presentation which activates the whole of the scientific subconscious lingering beneath the frontal shot and its objective narrativity. The thing represented looks organic, but perhaps it is only a copy, and this is the way in which Feldmann crystallises an oeuvre plagued with references. The concept of the archive is recurrent in the poetics of Hans-Peter Feldmann, and his *Blumenbild* (*Picture of Flower*, 2006) are in themselves a metalinguistic archive of the representation of plants. With exactly the same premises, tropes and constructs as botanical photography, the photographer's work is framed within a search and a sensibility for an exaggeratedly kitsch aesthetic. Feldmann's flowers erase the line separating the objective from the desiring gaze, and they merge a whole history of representations into a single form.

If looking is a way of producing narrative, representing is the construction of the political signifier. Western culture needs to classify, it needs representation to give a form and a place in the archive to the reality it is forced to apprehend. Everything can be synthesised in a scheme, a structure or a colour chart for its required study. The works of Mathieu Mercier reduce the photographed plants to a colour card. This card relates the flower to a chromatic representation, so that a plant becomes defined by the colours that make it up. The archive of western knowledge based on the encyclopaedic order works on the basis of the isolation of the object studied. The colonial botanists isolated plants from their contexts for their autonomous analyses, medicine atomises organs to enable study, and museums isolate the works in their collections… Every element has to be reduced to a symbol that will synthesise it and speak generically about its conditions, and so insert it in the order of the archive. Mercier's colour cards would be significantly reductive of the plant given in an entry in the index of the archive, which generalises a whole species through the chromatic chart of one element in particular.

The colours of the Pantone cards are always reductions that function like entries in a great archive of knowledge, where texts, images, bodies and forms are intermingled pending activation. On the basis of these cultural symbols, Alessandra Spranzi produces collages with texts on botany and cut-outs in which the flower becomes a silhouette. Emptying it in this way leaves the representation free to be signified visually while creating a hole through which the lower layers of the collage can be seen, resulting in a fold between layers where the outline of a flower allows a glimpse of lines from botanical texts. Spranzi works on representation from a negative position, reverting form in a vacuum of visual content. The exhausted signifier disappears to become a silhouette that is impossible to synthesise. For the first time in this history of floral representation, the *Fiori* (*Flower*, 2016) cut out by Spanizi concede a space for viewers to fill in the represented plant with their mental projections. It is a space without illustration that invites production and thought of *a* plant, not *the* plant.

Artists like Jochen Lempert also delve into the subconscious archive of the representation of natural phenomena. In the early 1990s, Lempert abandoned the theoretical study of biology to establish a new relationship with nature through the mediation of a camera. The images created by a photographer are an abstraction of his past as a biologist and also of the history of the photographic device itself. While composing banal scenes, abstract or descriptive, these photographs show a gaze imbued with a personal language and a perpetual search for beauty. Lempert's work is not limited to the photographic object itself, but also regards the exhibition space as terrain for intervention. The plants photographed by Lempert need the attention of a gardener. The objectuality of his frameless prints has an establishing function within the exhibition space. 282 years after Linnaeus's words in George Clifford's garden, western culture has found a way to produce gardens of representations of plants.

The organic beauty of a plant or flower will perhaps never die. And if our society continues to cloak itself in synthetic layers, the stupor it arouses will perhaps grow stronger and stronger. Perhaps because of all this, our devices for the visual reproduction of reality always end up alighting on a flower. Nevertheless, as long as we continue to construct images, the forensic analysis of their own construction will remain necessary. The way in which we produce objects to be looked at constructs narrative. However (in)offensive a flower may appear, the creation of its image is affected by its tropes. The subconscious of art history remains present in the viewer's gaze. To borrow briefly from Carl Jung, this structures a collective unconscious which produces a series of archetypes that become symbols through repetition and cultural assimilation. A banal frontal shot thus never ceases to refer to the history of the objectivisation, classification and extraction of the natural elements of the world.

Láminas / Plates:

(a) Imogen Cunningham

(b) Albert Renger-Patzsch

(c) Karl Blossfeldt

Alessandra Spranzi – *Foliage Pagina*

(d) Pierre Verger

Juan del Junco – *Expolio*

(e) Jonas Mekas

(f) Richard Hamilton

(g) Nobuyoshi Araki

(h) Hans-Peter Feldmann

Alessandra Spranzi – *Fiore*

(i) Mathieu Mercier

Jochen Lempert – *Botanical Box*

(a)

IMOGEN CUNNINGHAM

Lámina / Plate 1: *Magnolia Bud*
[Brote de magnolia], 1920
Fotografía a las sales de plata. Copia de época
Vintage gelatin silver print
24 x 18 cm

Lámina / Plate 2: *Sedum Cristate*, ca. 1920
Fotografía a las sales de plata. Copia de época
Vintage gelatin silver print
23 x 18,5 cm

Lámina / Plate 3: *Magnolia Blossom, Tower of Jewels*
[Flor de magnolia, torre de joyas], ca. 1920
Fotografía a las sales de plata. Copia de época
Vintage gelatin silver print
24 x 18 cm

Lámina / Plate 4: *Philodendron*, ca. 1950
De la serie / From the series *The Eye of Imogen Cunningham*
[El ojo de Imogen Cunningham]
Fotografía a las sales de plata. Copia actual
Gelatin silver print. Current copy
32 x 24 cm

Lámina / Plate 5: *Magnolia Blossom*
[Flor de magnolia], 1925
Fotografía a las sales de plata. Copia de época
Vintage gelatin silver print
42 x 53,1cm

Lámina / Plate 1.

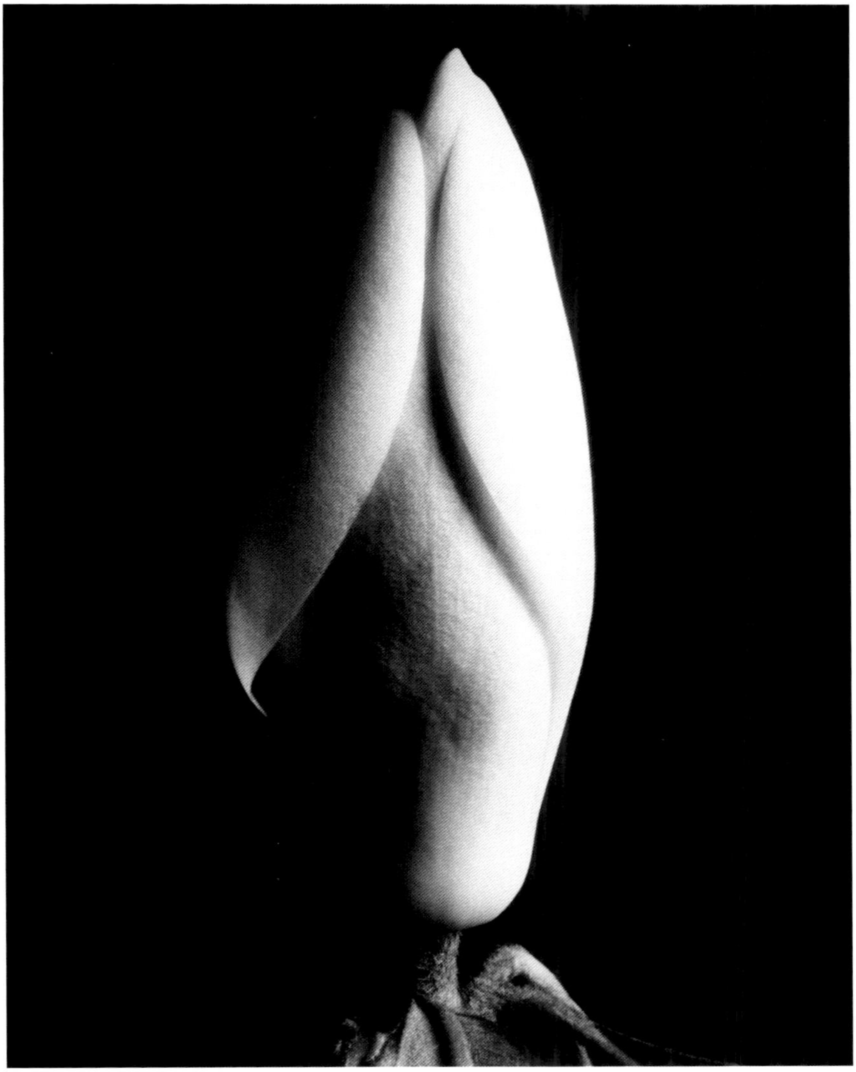

Magnolia Bud, 1920

Lámina / Plate 2.

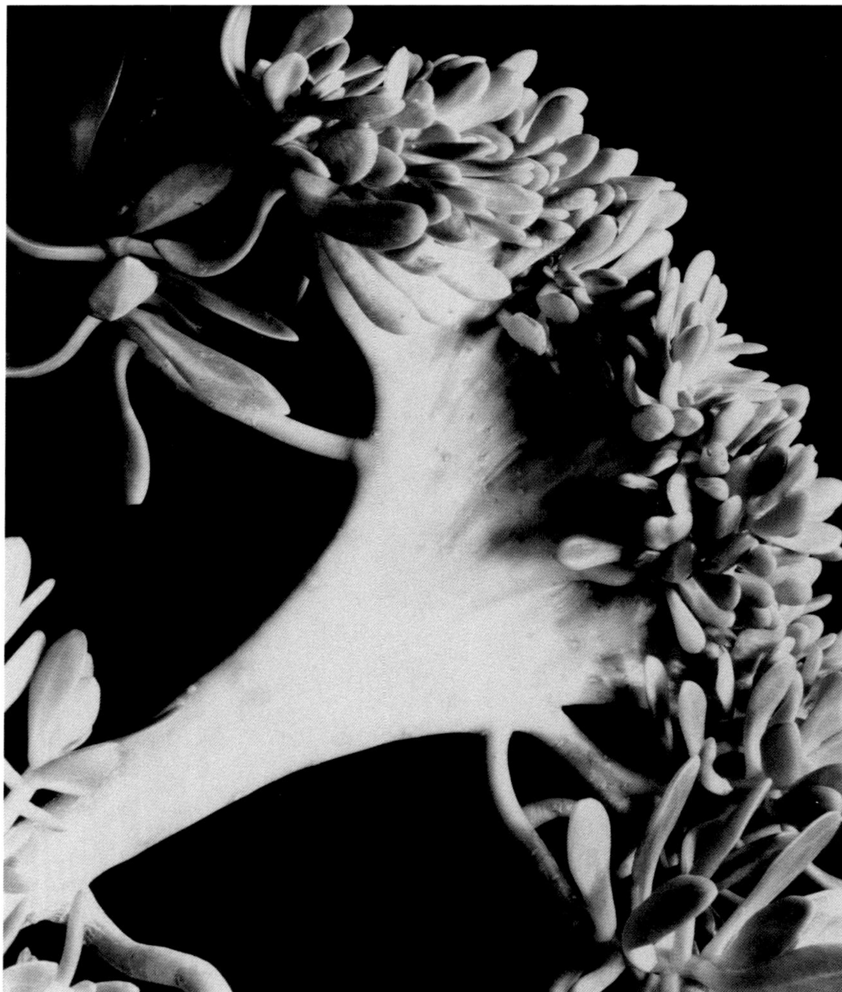

Sedum Cristate, ca. 1920

Lámina / Plate 3.

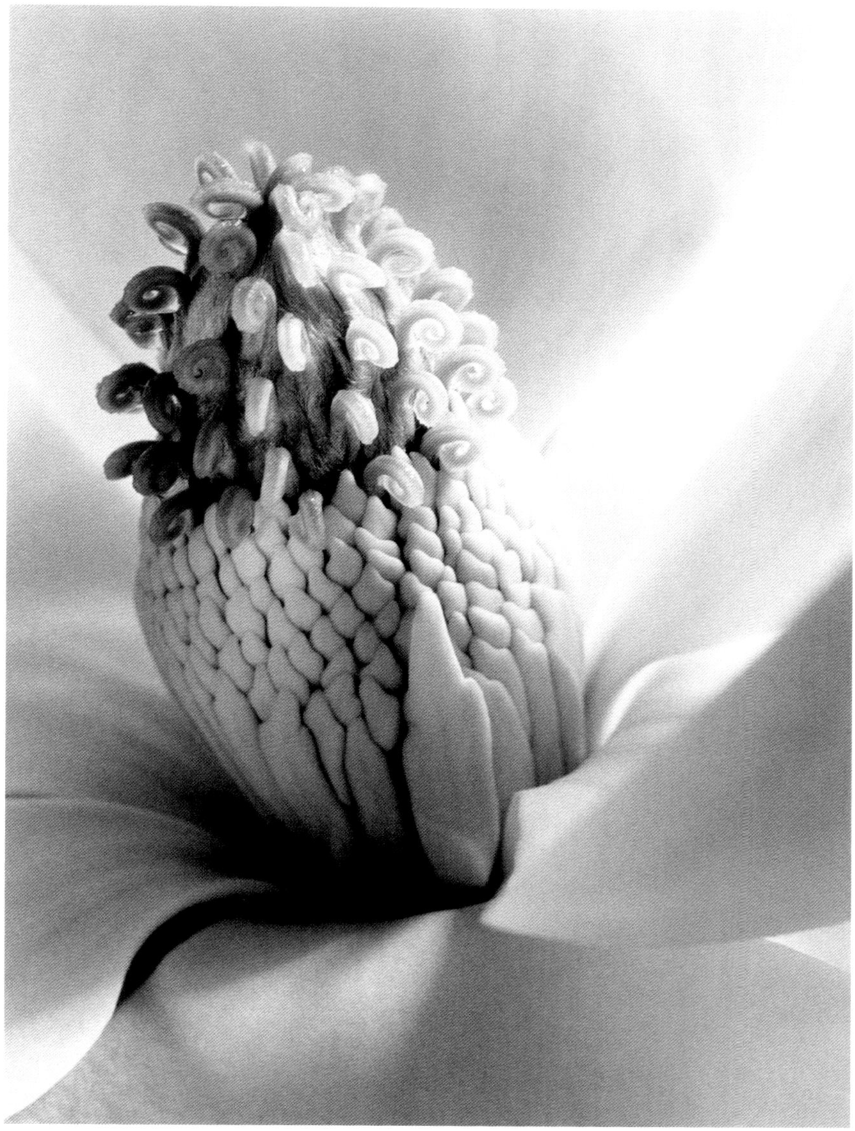

Magnolia Blossom, Tower of Jewels, ca. 1920

Lámina / Plate 4.

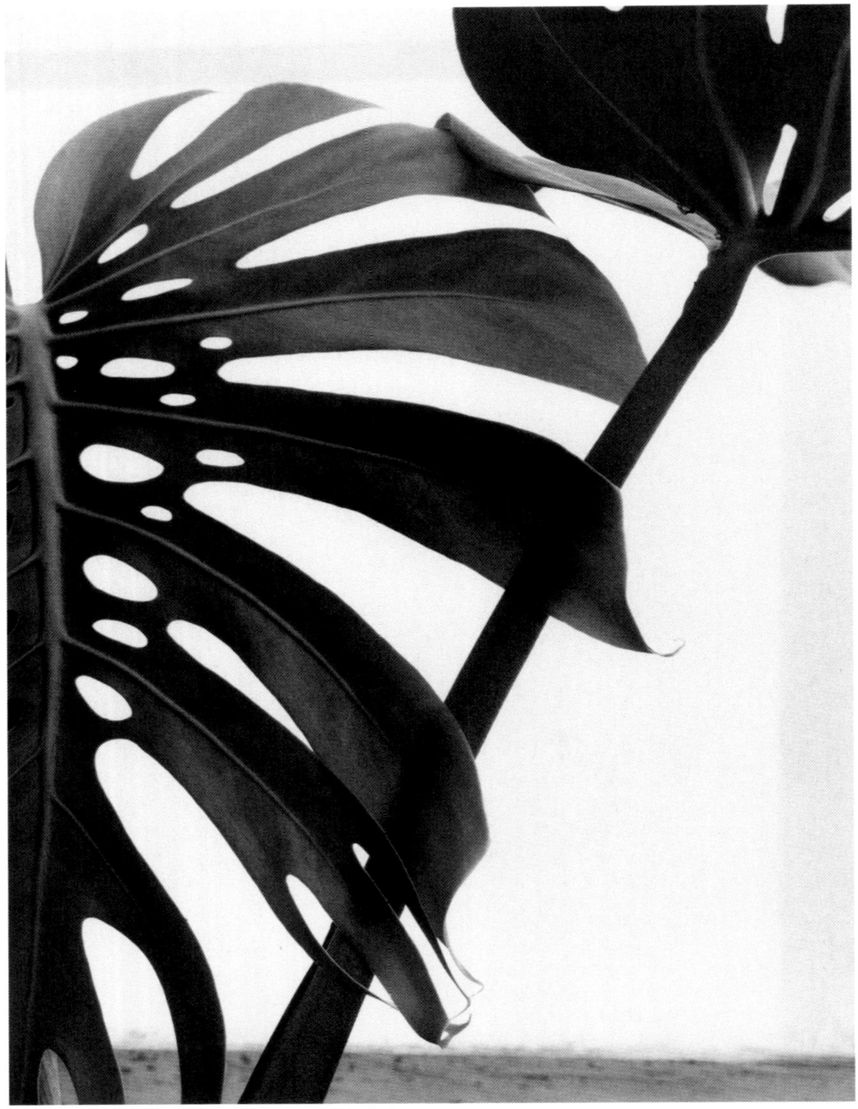

Philodendron, ca. 1950

Lámina / Plate 5.

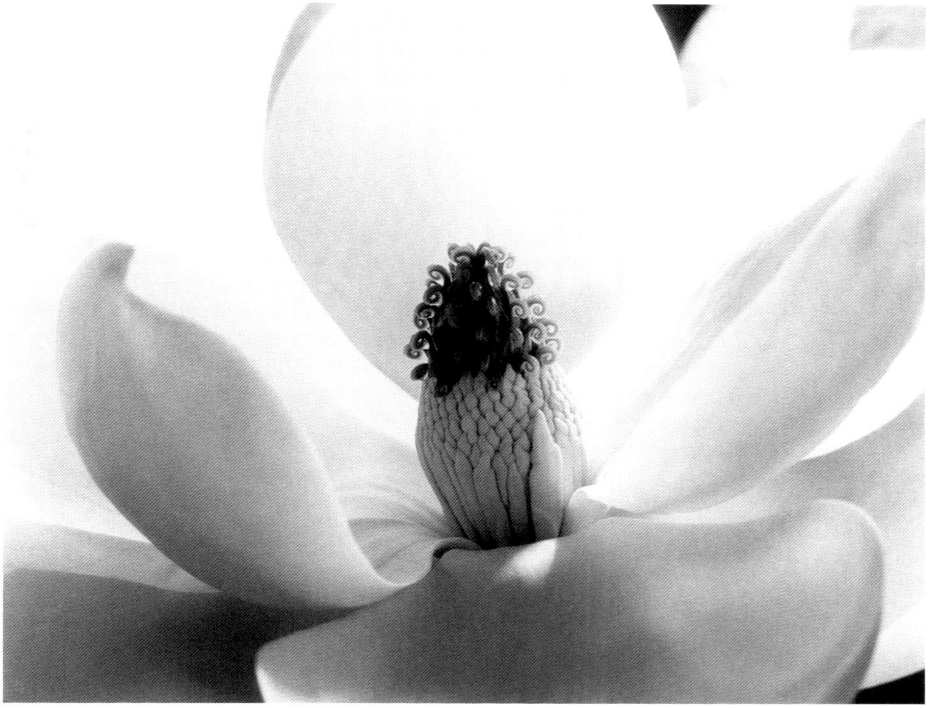

Magnolia Blossom, 1925

(b)

ALBERT RENGER-PATZSCH

Lámina / Plate 6: *Cactaceae Echinocereus*, 1924-1929
Fotografía a las sales de plata. Copia de 1947-1948
Gelatin silver print. 1947-1948 copy
20,3 x 10,4 cm

Lámina / Plate 7: *Echinocactus microspermus*, 1924-1929
Fotografía a las sales de plata. Copia de 1947-1948
Gelatin silver print. 1947-1948 copy
12,6 x 20,2 cm

Lámina / Plate 8: *Opuntia Scheeri*, 1924-1929
Fotografía a las sales de plata. Copia de 1947-1948
Gelatin silver print. 1947-1948 copy
15,6 x 20,3 cm

Lámina / Plate 9: *Euphorbia glabra*, 1924-1929
Fotografía a las sales de plata. Copia de 1947-1948
Gelatin silver print. 1947-1948 copy
15,3 x 20,2 cm

Lámina / Plate 10: *Euphorbia maxillaris*, 1924-1929
Fotografía a las sales de plata. Copia de 1947-1948
Gelatin silver print. 1947-1948 copy
15,4 x 20,3 cm

Lámina / Plate 11: *Cactaceae*, 1924-1929
Fotografía a las sales de plata. Copia de 1947-1948
Gelatin silver print. 1947-1948 copy
20,2 x 15,4 cm

Lámina / Plate 12: *Cactaceae III*, 1924-1929
Fotografía a las sales de plata. Copia de 1947-1948
Gelatin silver print. 1947-1948 copy
20,2 x 15,3 cm

Lámina / Plate 13: *Cereus flagelliformis*, 1924-1929
Fotografía a las sales de plata. Copia de 1947-1948
Gelatin silver print. 1947-1948 copy
20 x 14,9 cm

Lámina / Plate 14: *Opuntia zylindrica crist*, 1924-1929
Fotografía a las sales de plata. Copia de 1947-1948
Gelatin silver print. 1947-1948 copy
15,3 x 20,2 cm

Lámina / Plate 15: *Euphorbiaceae*, 1924-1929
Fotografía a las sales de plata. Copia de 1947-1948
Gelatin silver print. 1947-1948 copy
15,3 x 20,2 cm

Lámina / Plate 6.

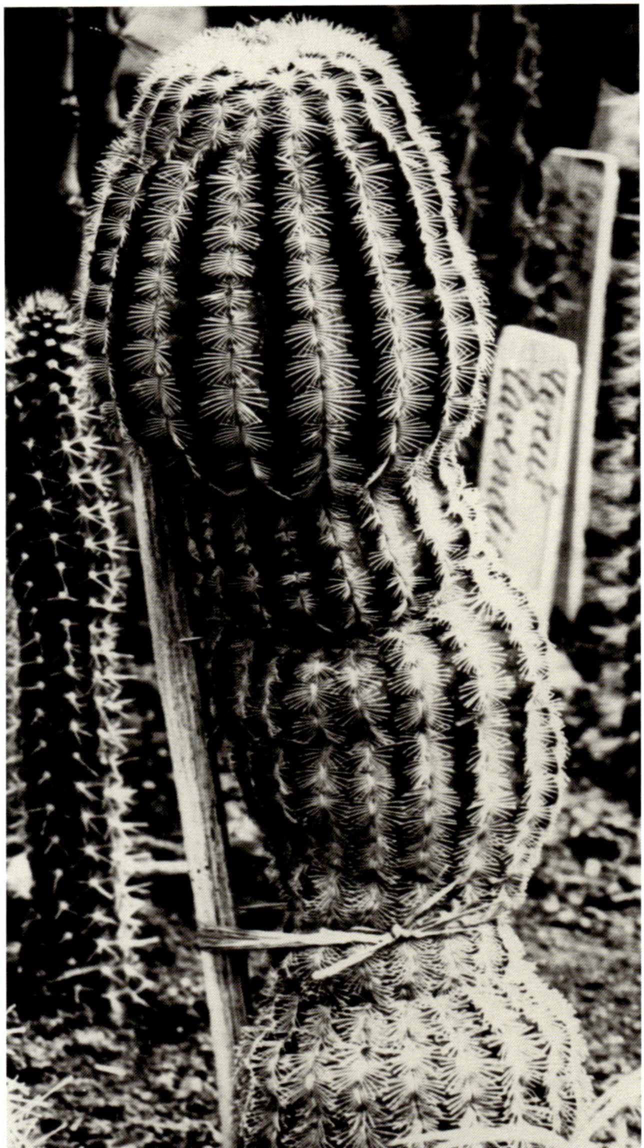

Cactaceae Echinocereus, 1924-1929

Lámina / Plate 7.

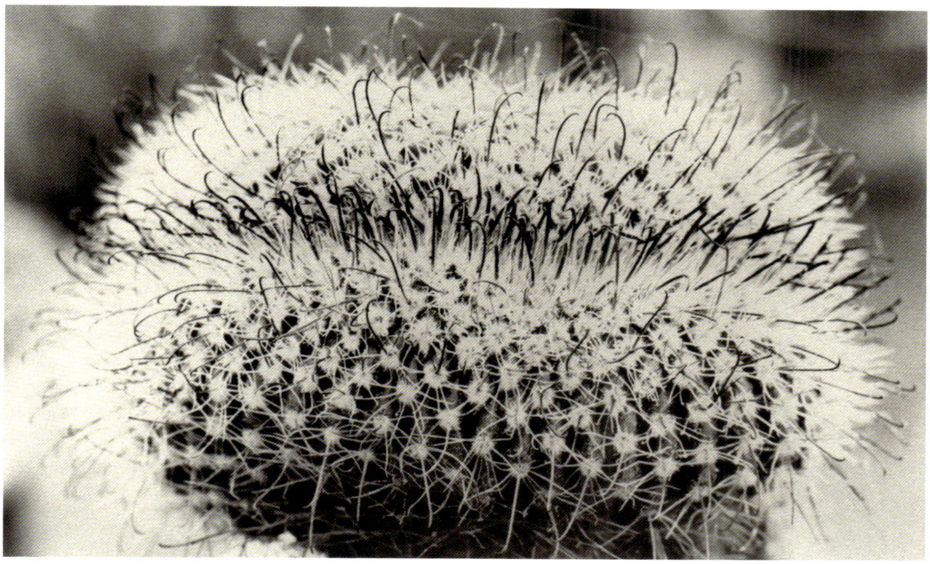

Echinocactus microspermus, 1924-1929

Lámina / Plate 8.

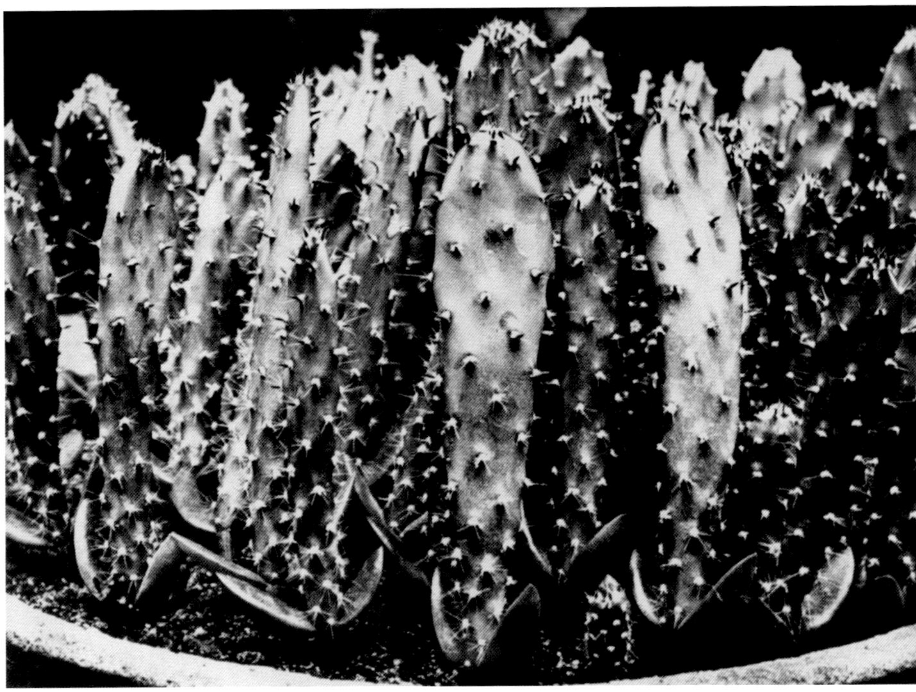

Opuntia Scheeri, 1924-1929

Lámina / Plate 9.

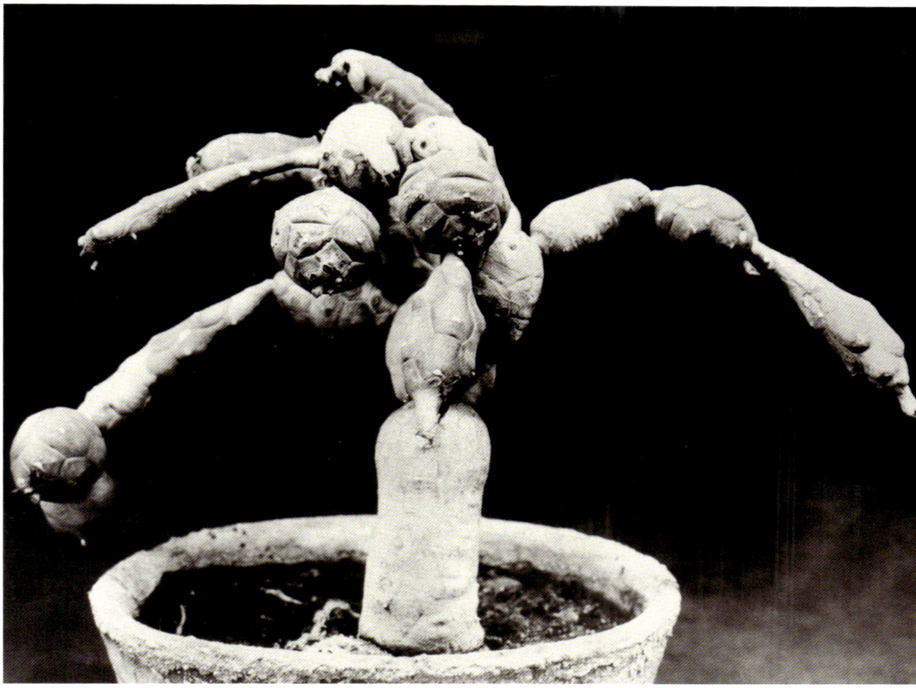

Euphorbia glabra, 1924-1929

Lámina / Plate 10.

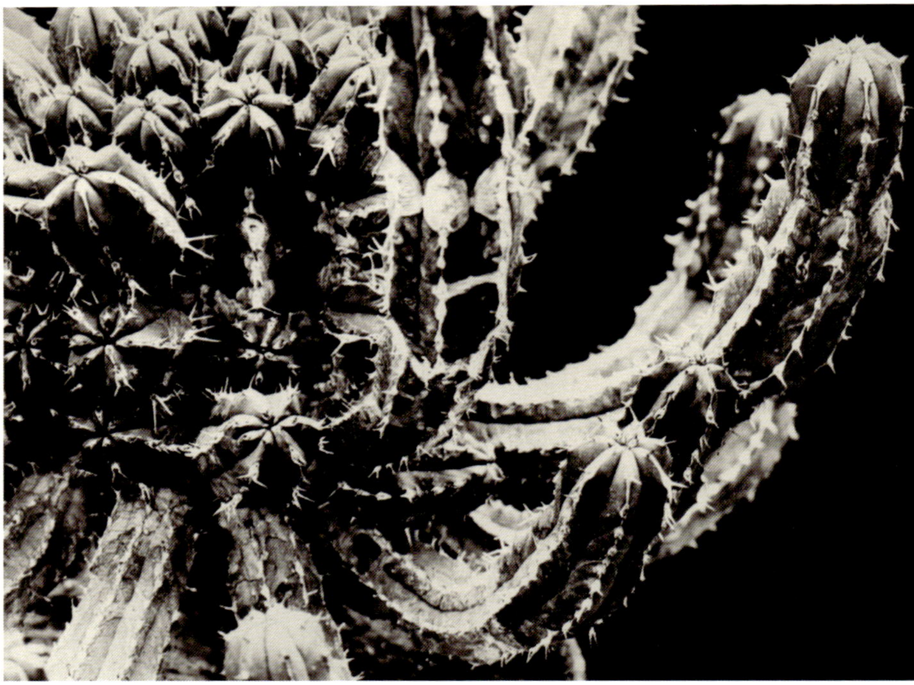

Euphorbia maxillaris, 1924-1929

Lámina / Plate 11.

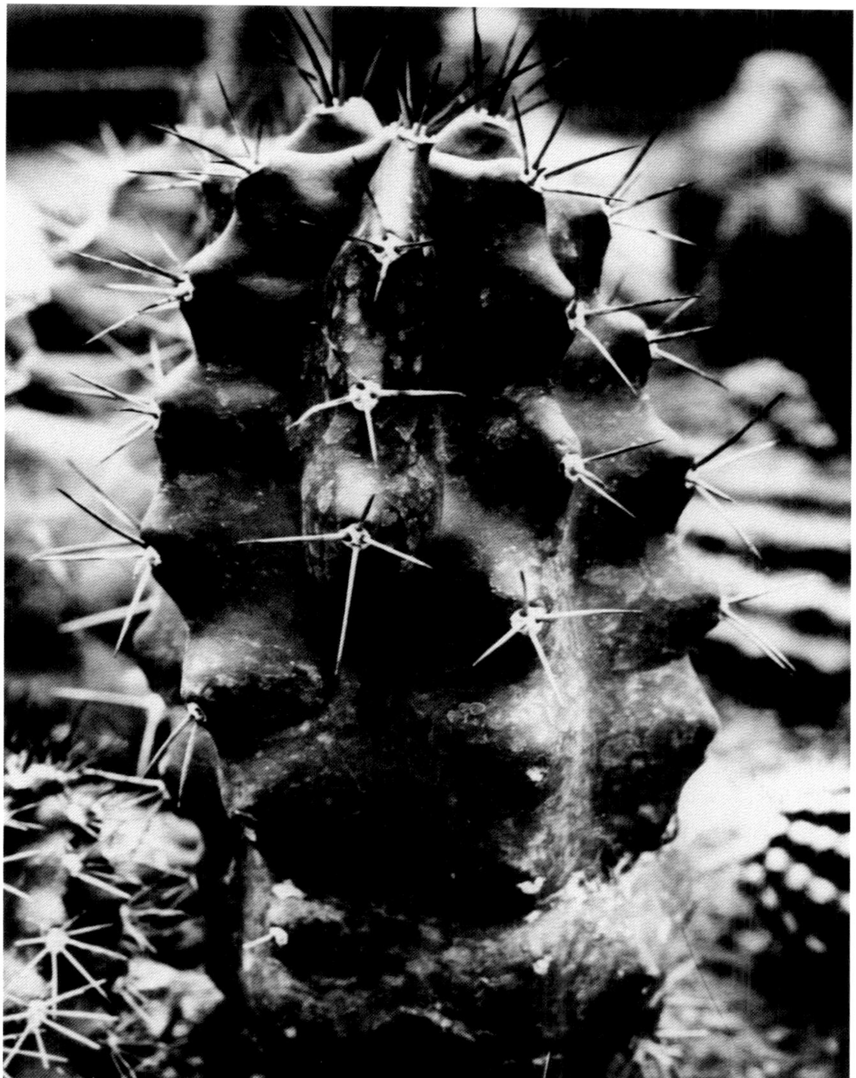

Cactaceae, 1924-1929

Lámina / Plate 12.

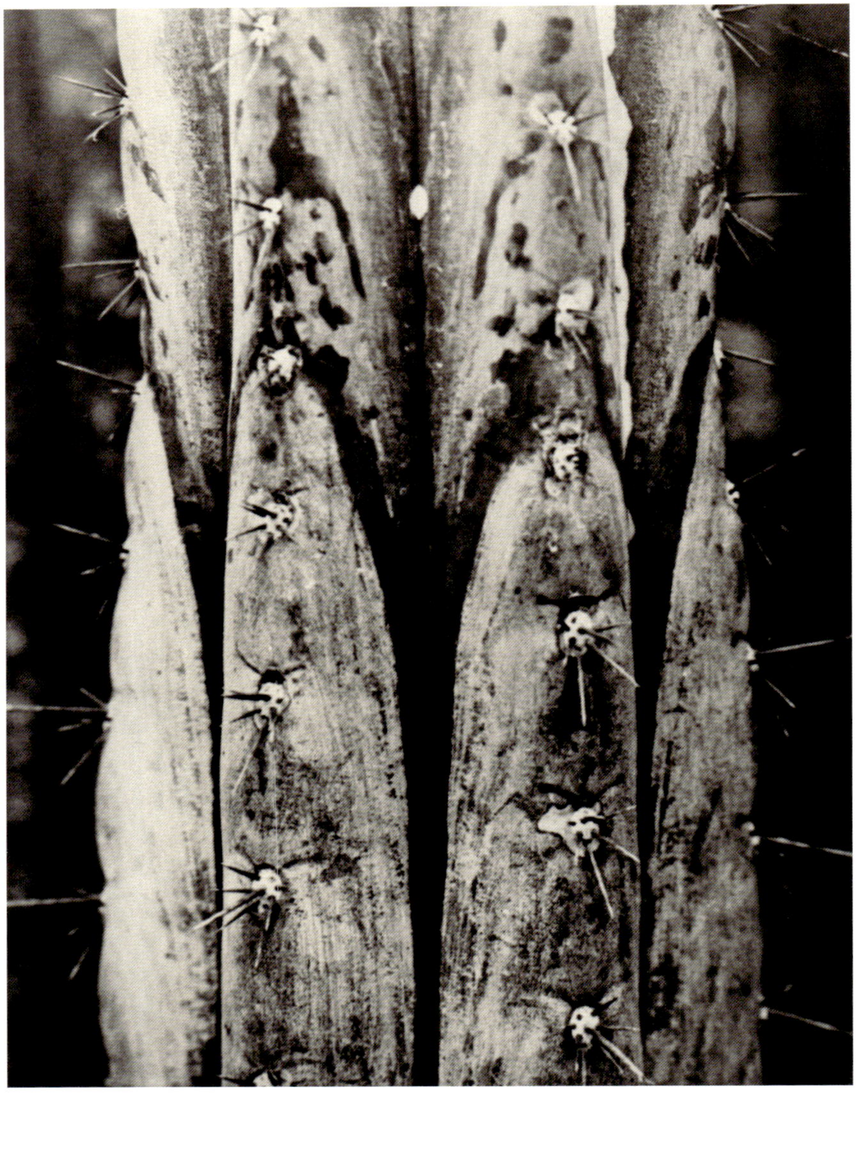

Cactaceae III, 1924-1929

Lámina / Plate 13.

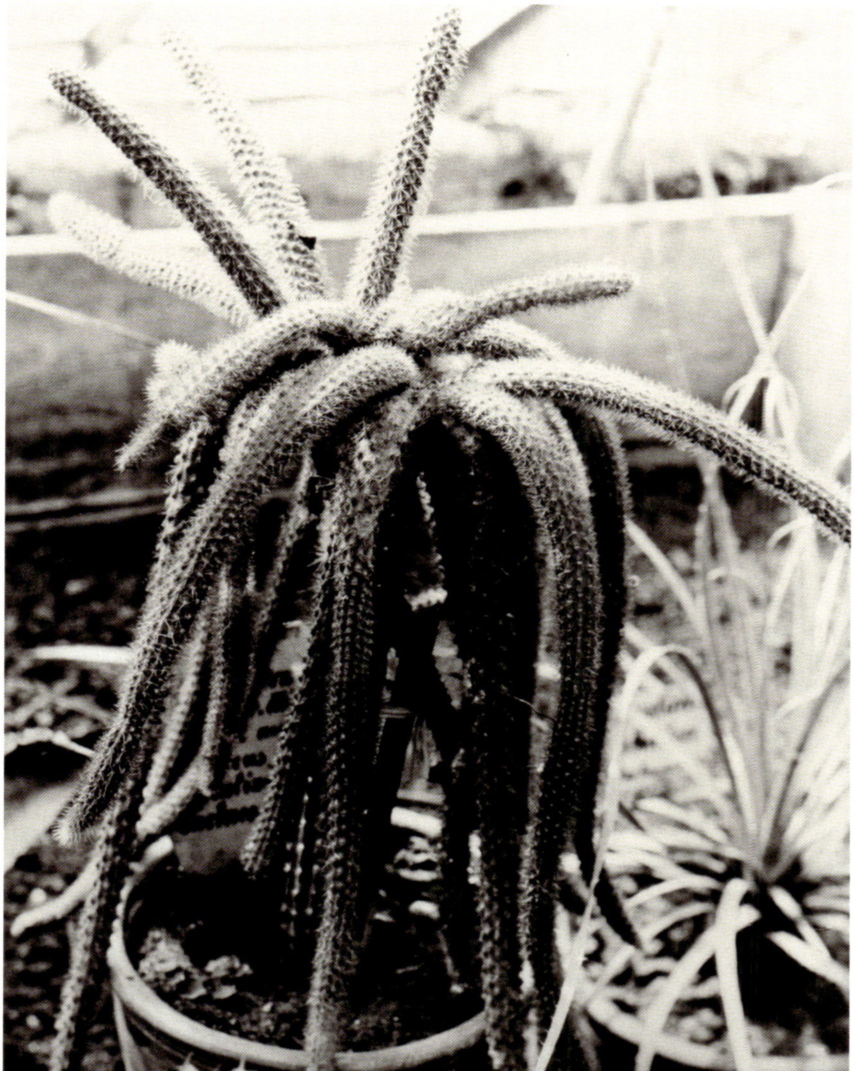

Cereus flagelliformis, 1924-1929

Lámina / Plate 14.

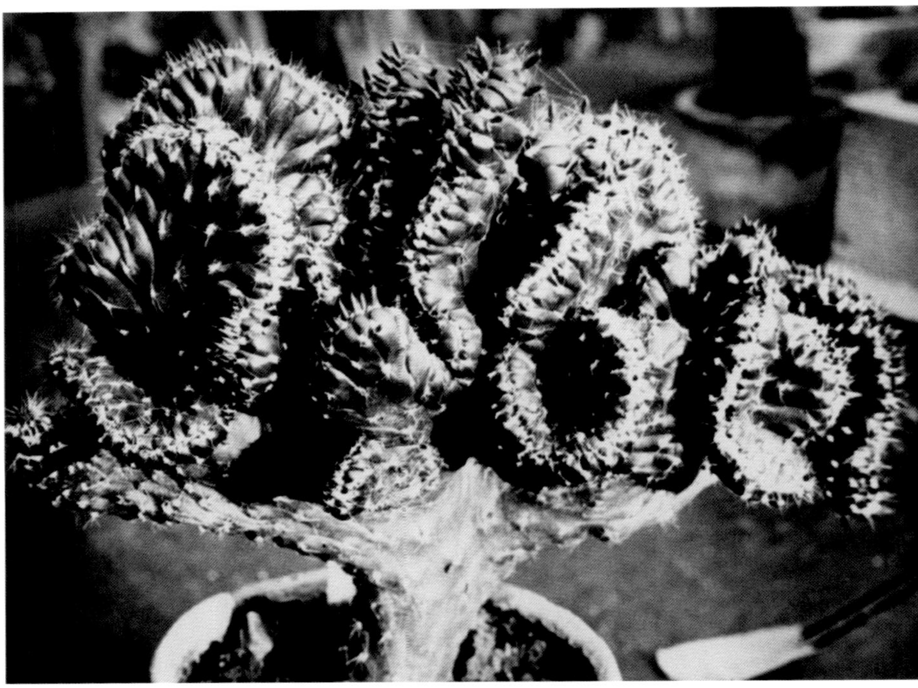

Opuntia zylindrica crist, 1924-1929

Lámina / Plate 15.

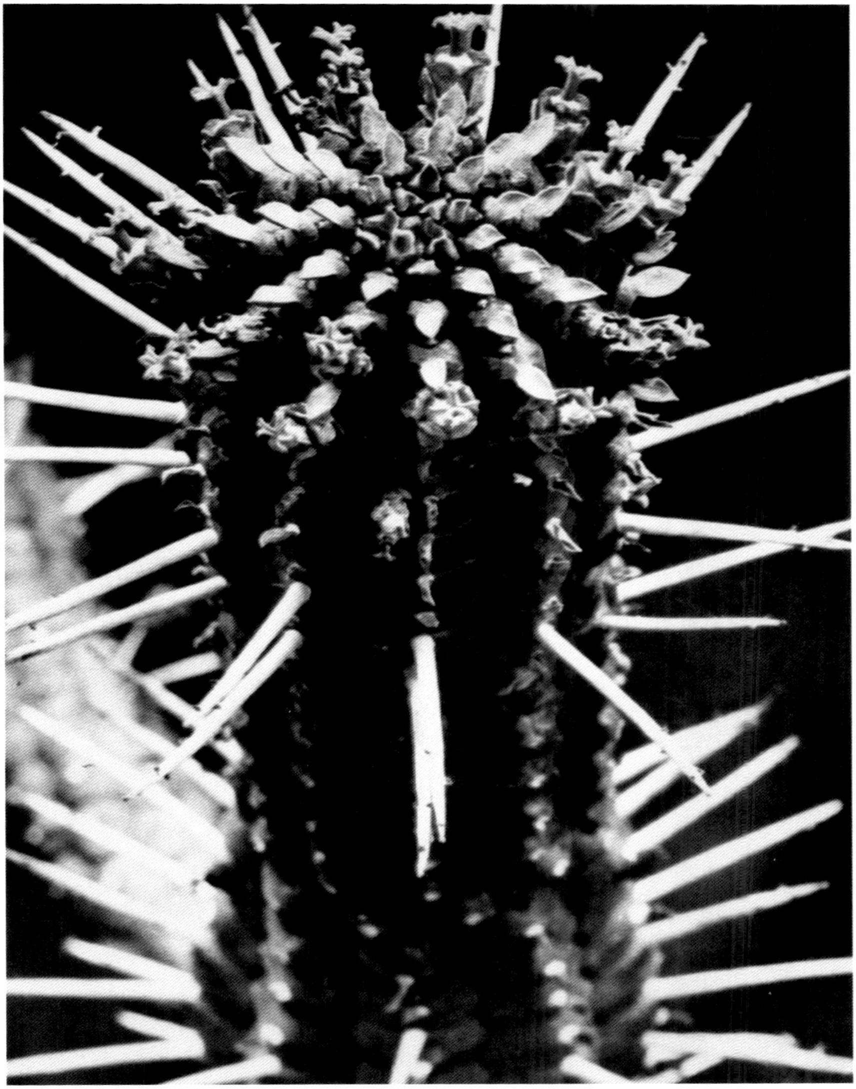

Euphorbiaceae, 1924-1929

(c)

KARL BLOSSFELDT

Urformen der Kunst
[*Formas originales del arte / Art Forms in Nature*]

Lámina / Plate 16: *Physostegia virginiana*, 1928
Primera edición del portafolio (total de 120 fotograbados)
First edition portfolio (total of 120 photogravures)
30 x 23 cm

Lámina / Plate 17: *Eryngium Bourgatii*, 1928
Primera edición del portafolio (total de 120 fotograbados)
First edition portfolio (total of 120 photogravures)
30 x 23 cm

Lámina / Plate 18: *Scolopendrium vulgare*, 1928
Primera edición del portafolio (total de 120 fotograbados)
First edition portfolio (total of 120 photogravures)
30 x 23 cm

Lámina / Plate 19: *Polystichum munitum*, 1928
Primera edición del portafolio (total de 120 fotograbados)
First edition portfolio (total of 120 photogravures)
30 x 23 cm

Lámina / Plate 20: *Dipsacus laciniatus*, 1928
Primera edición del portafolio (total de 120 fotograbados)
First edition portfolio (total of 120 photogravures)
30 x 23 cm

Lámina / Plate 21: *Adiantum pedatum*, 1928
Primera edición del portafolio (total de 120 fotograbados)
First edition portfolio (total of 120 photogravures)
30 x 23 cm

Lámina / Plate 22: *Asclepias syriaca – Cornuti*, 1928
Primera edición del portafolio (total de 120 fotograbados)
First edition portfolio (total of 120 photogravures)
30 x 23 cm

Lámina / Plate 23: *Tellima grandiflora*, 1928
Primera edición del portafolio (total de 120 fotograbados)
First edition portfolio (total of 120 photogravures)
30 x 23 cm

Lámina / Plate 24: *Acanthus mollis*, 1928
Primera edición del portafolio (total de 120 fotograbados)
First edition portfolio (total of 120 photogravures)
30 x 23 cm

Lámina / Plate 25: *Abutilon*, 1928
Primera edición del portafolio (total de 120 fotograbados)
First edition portfolio (total of 120 photogravures)
30 x 23 cm

58

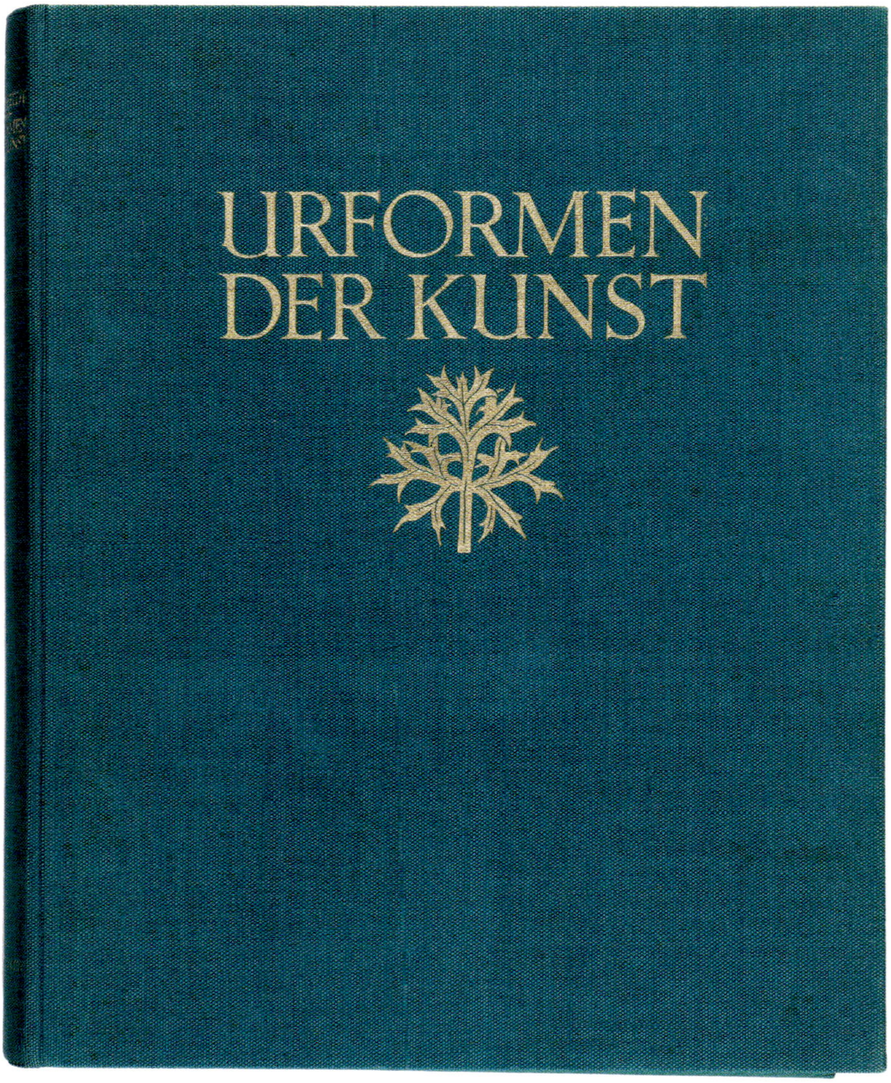

Lámina / Plate 16.

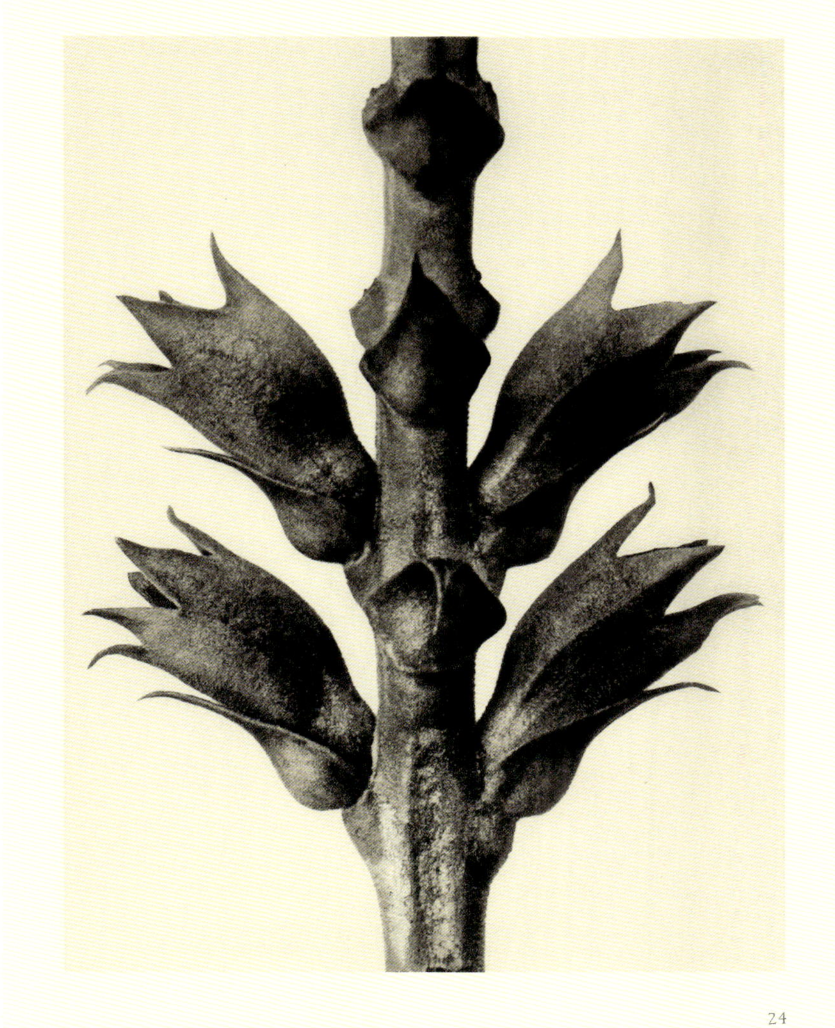

Physostegia virginiana, 1928

Lámina / Plate 17.

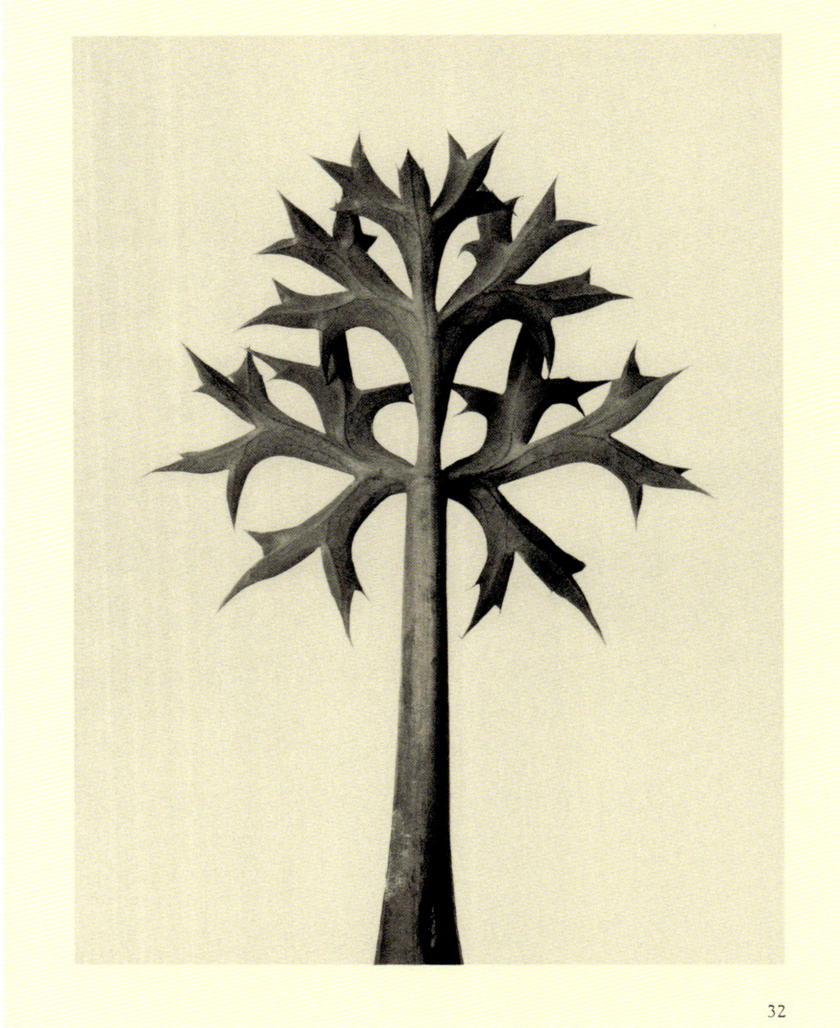

Eryngium Bourgatii, 1928

Lámina / Plate 18.

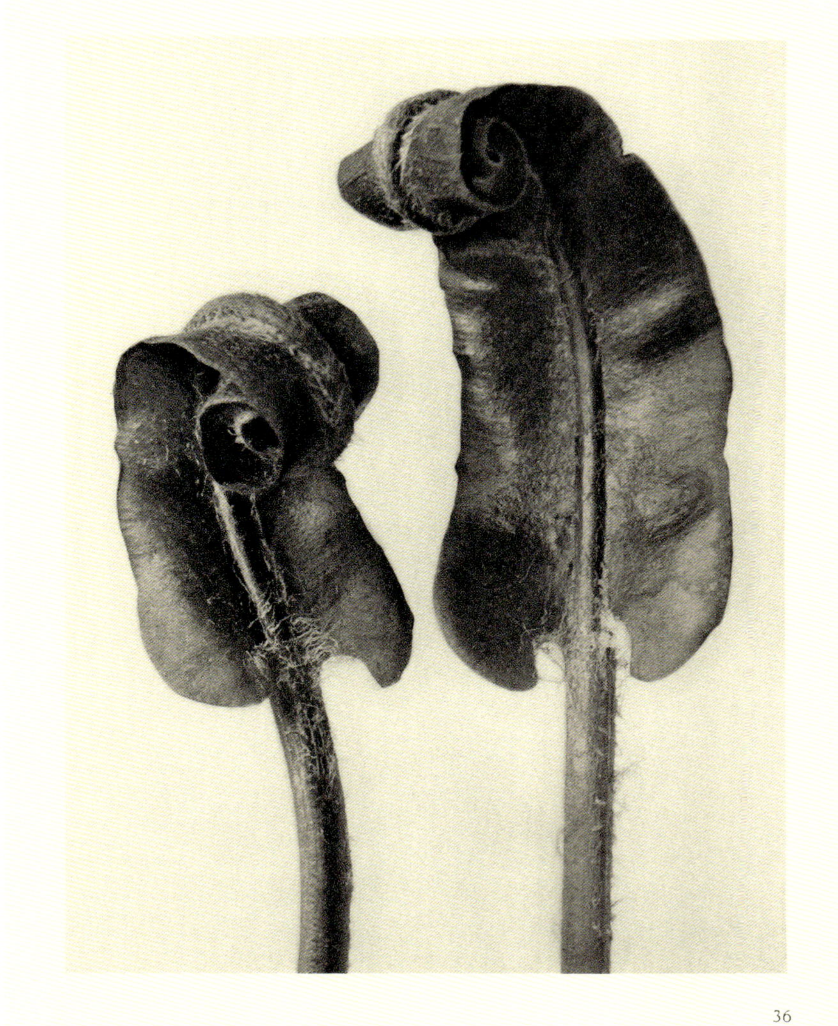

Scolopendrium vulgare, 1928

Lámina / Plate 19.

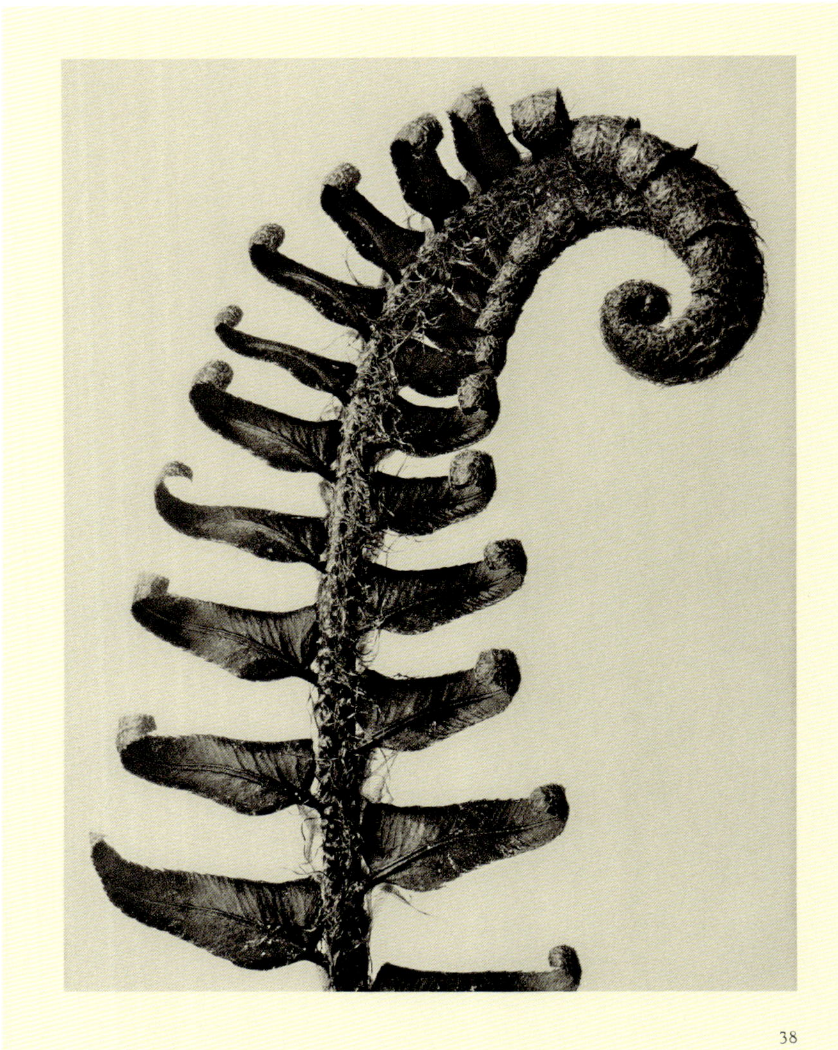

Polystichum munitum, 1928

Lámina / Plate 20.

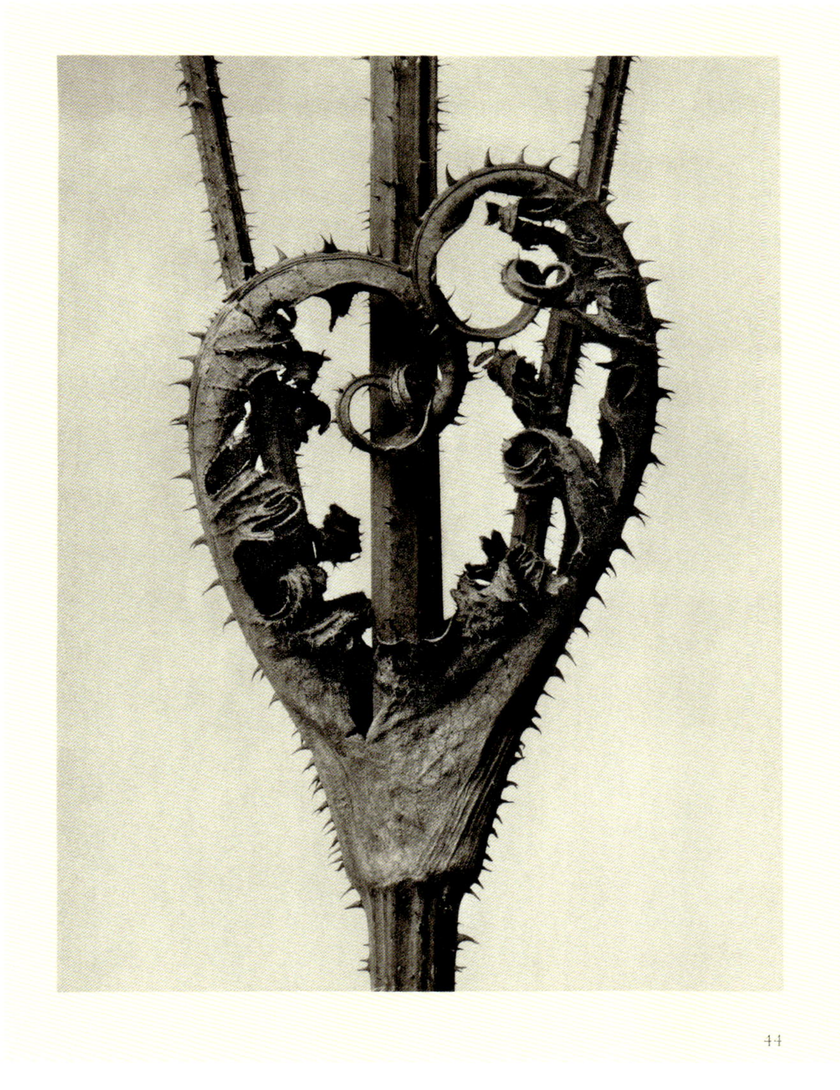

Dipsacus laciniatus, 1928

Lámina / Plate 21.

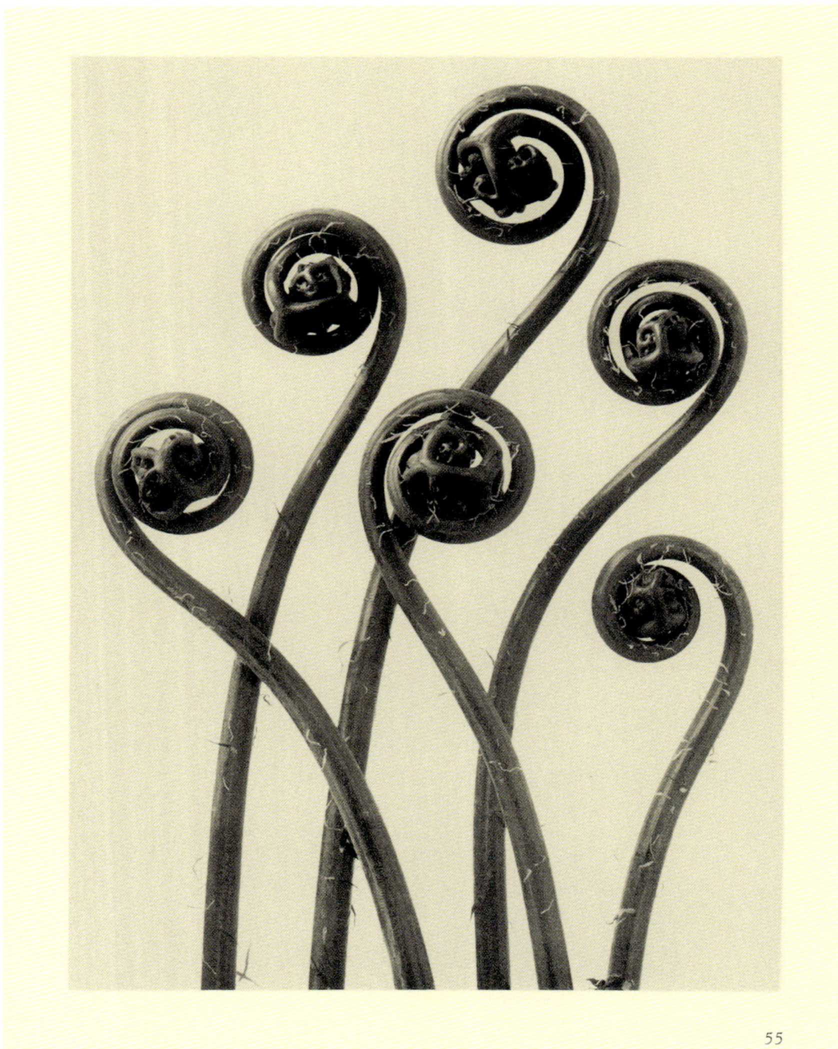

Adiantum pedatum, 1928

Lámina / Plate 22.

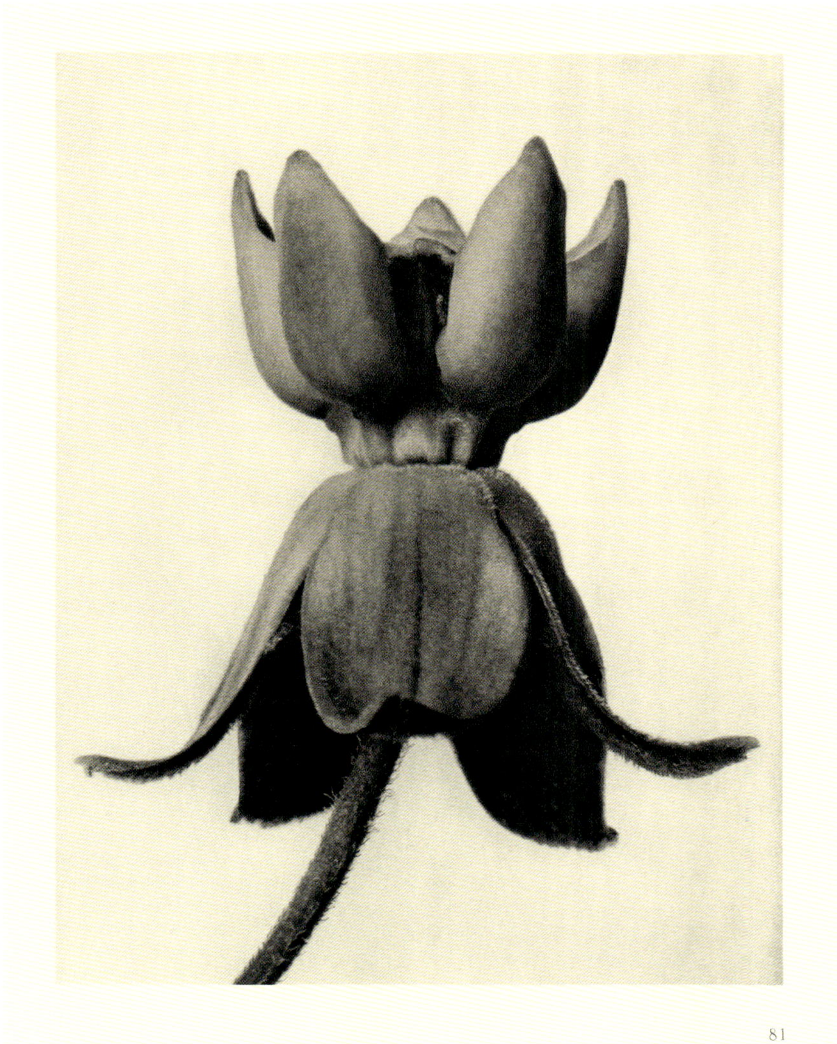

Asclepias syriaca – Cornuti, 1928

Lámina / Plate 23.

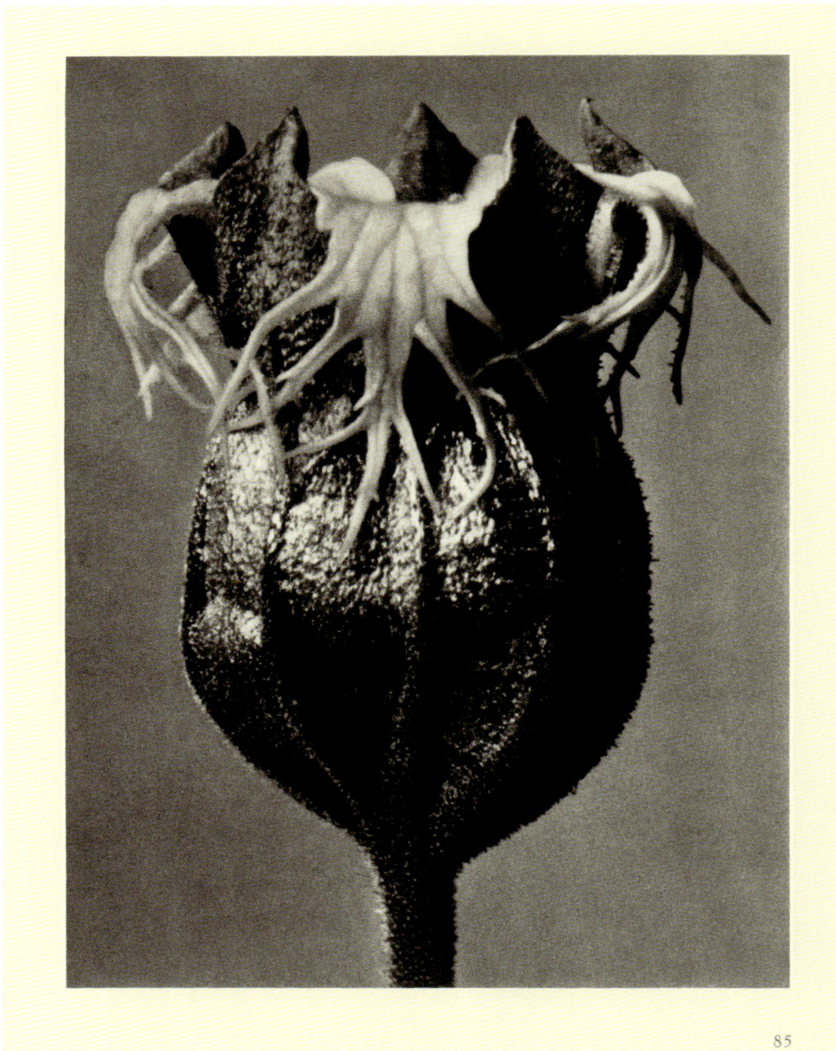

Tellima grandiflora, 1928

Lámina / Plate 24.

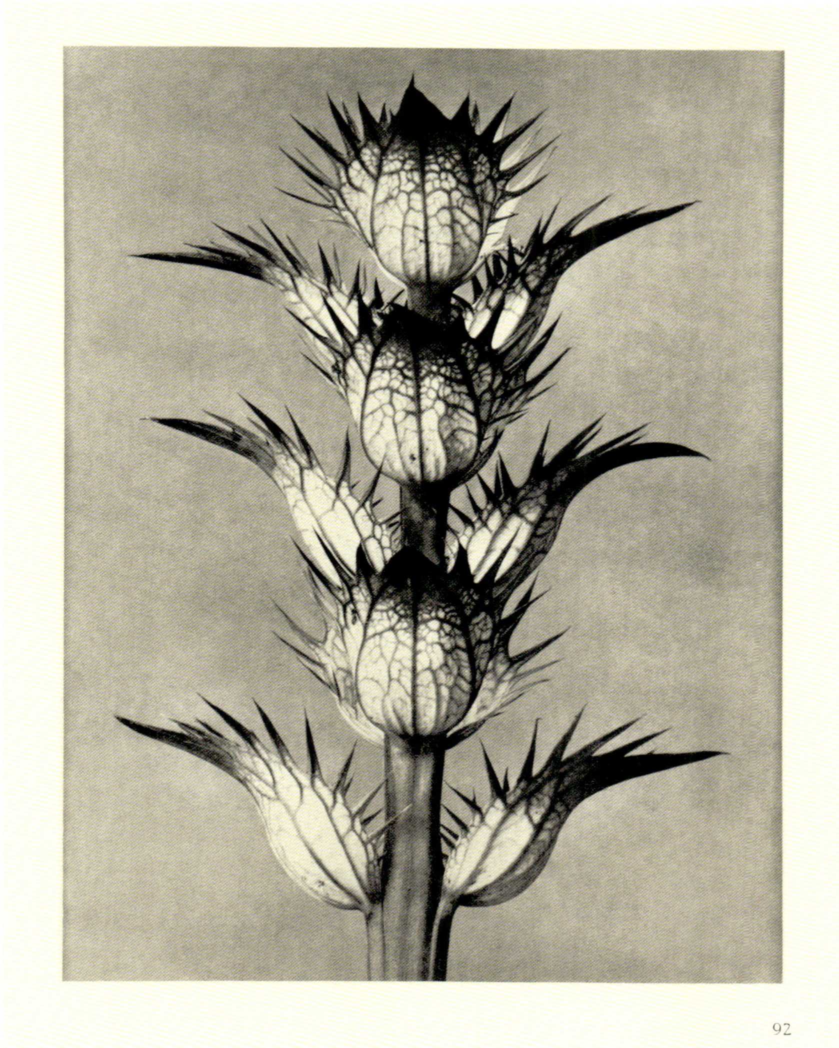

Acanthus mollis, 1928

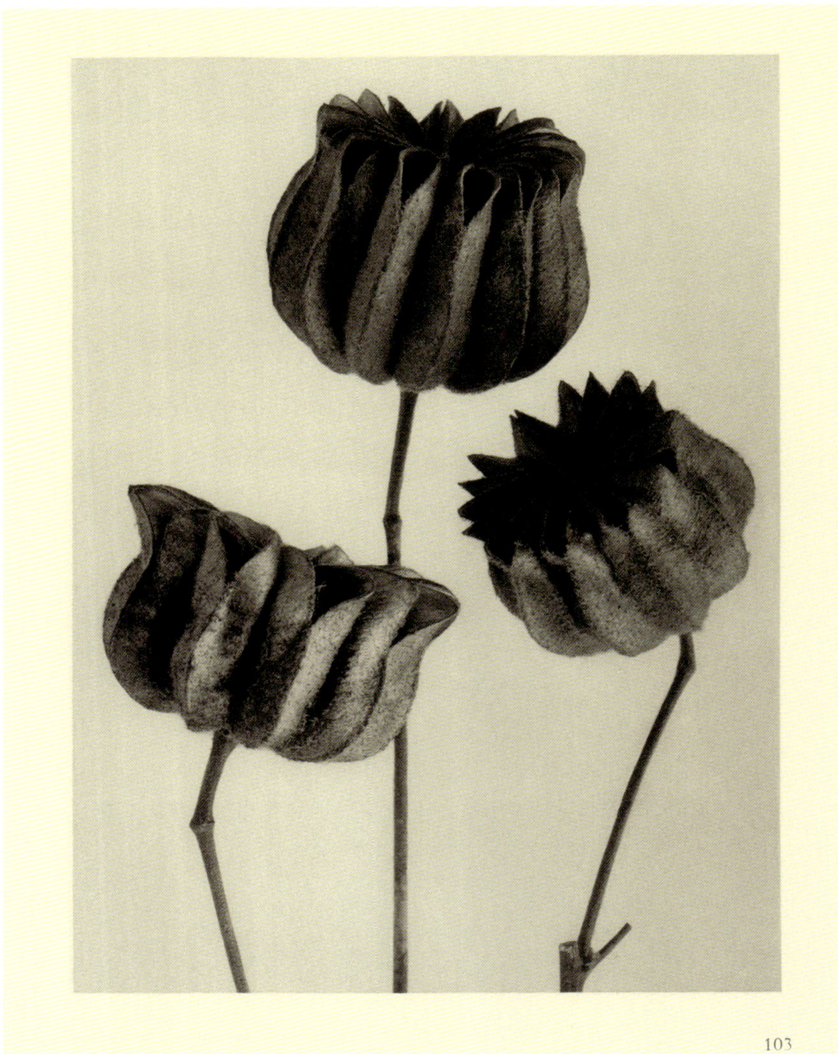

Abutilon, 1928

Alessandra Spranzi, *Foliage pagina*, 2017-2018

Foliage pagina 267

Foliage pagina 277

Foliage pagina 327

Foliage pagina 332

Foliage pagina 335

Foliage pagina 339

Foliage pagina 342

Óleo sobre página de libro

Oil on book page

24,8 x 18,5 cm c. u. / each

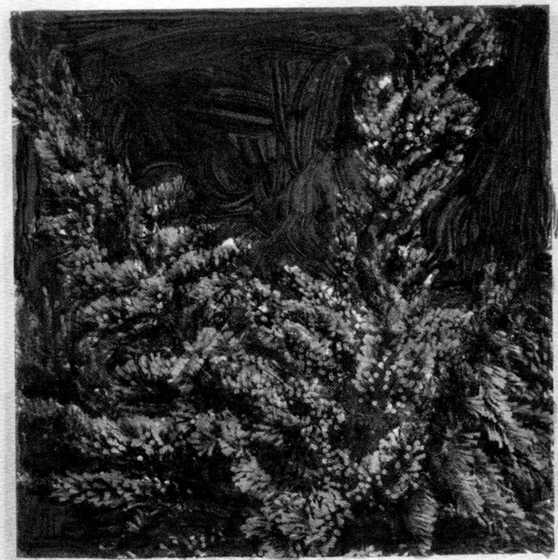

Fabiana imbricata (FALSE HEATH). White, 3 ft. May.

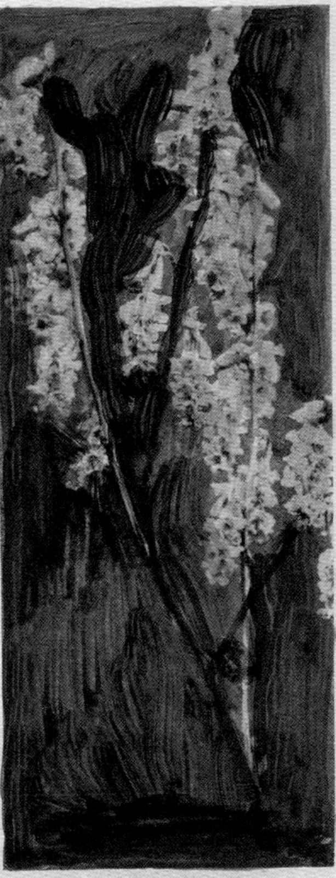

Top : *Corylopsis spicata*. Yellow, 6 ft. February.

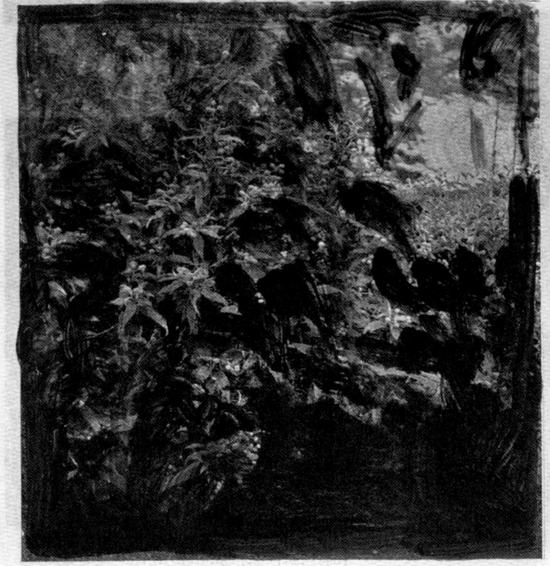

Left : *Buddleia globosa* (ORANGE-BALL TREE). Orange, 10-15 ft. May-June.

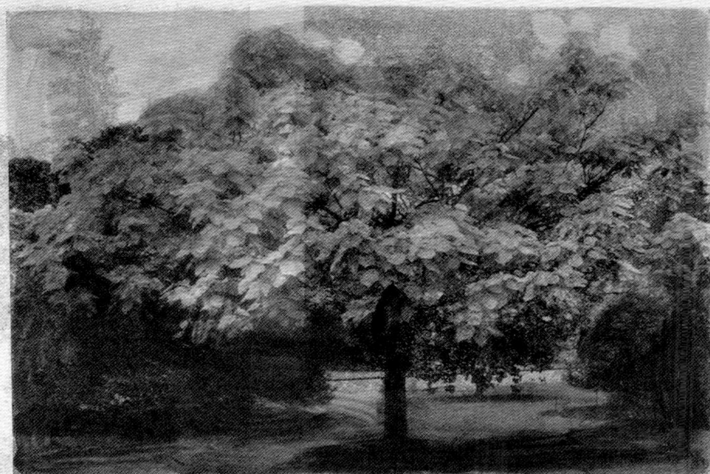

Catalpa bignonioides (INDIAN BEAN).
White, spotted purple and yellow, 25-50 ft. July.

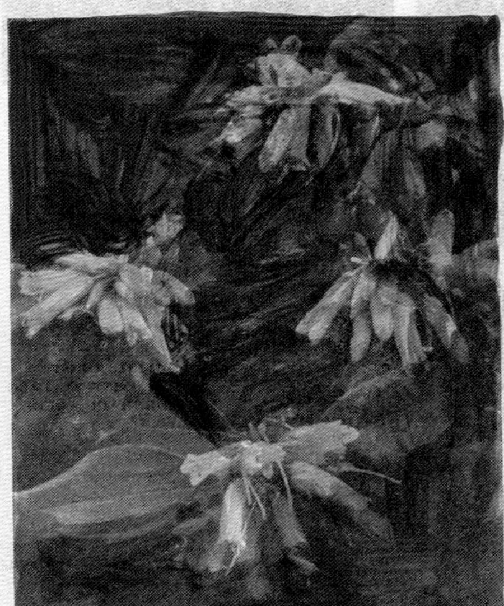

Rhododendron Keysi.
Red, yellow, 3-4 ft. July.

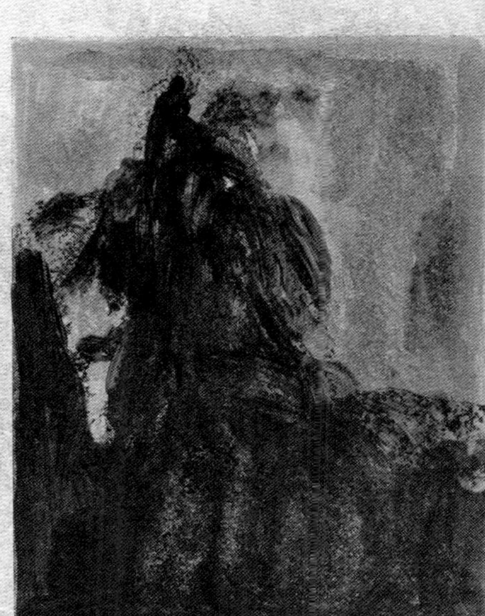

Fagus pendula
(WEEPING BEECH). 50 ft.

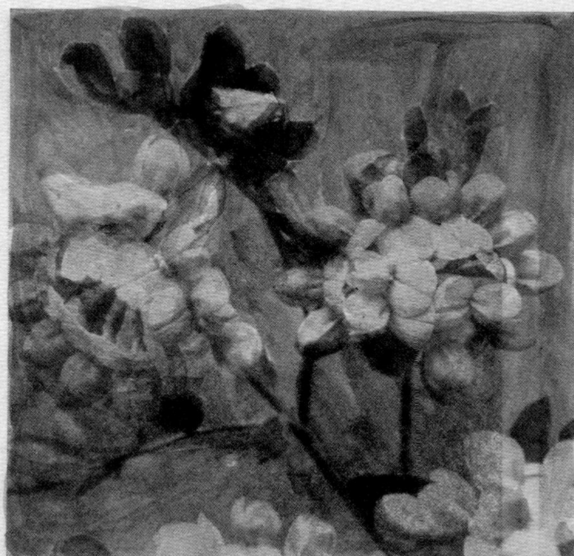

Coronilla glauca (CROWN VETCH).
Yellow, 10-12 ft. May.

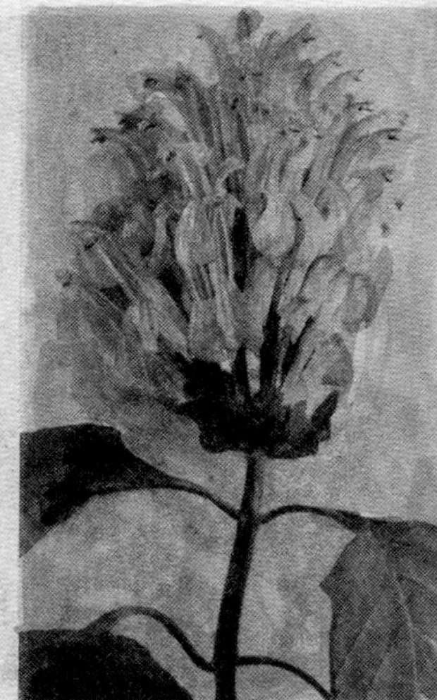

Jacobinia magnifica carnea.
Rose, 3-4 ft. August.

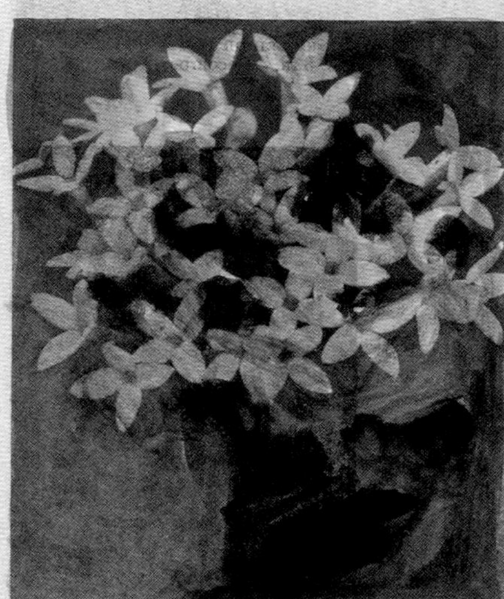

Bouvardia Humboldti corymbiflora.
White, 2-3 ft. November-February.

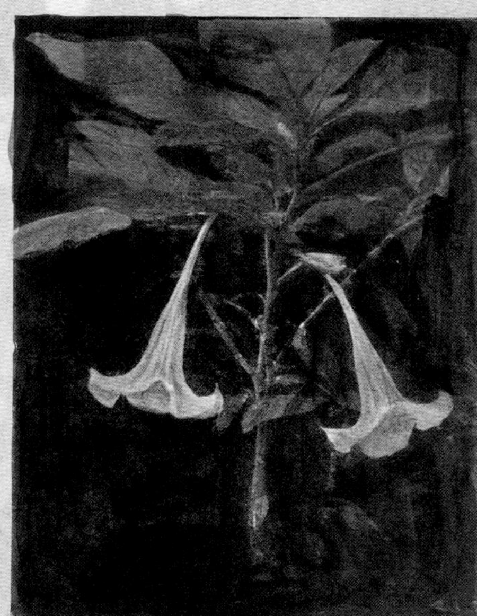

Datura suaveolens (TRUMPET FLOWER).
White, 8-10 ft. August.

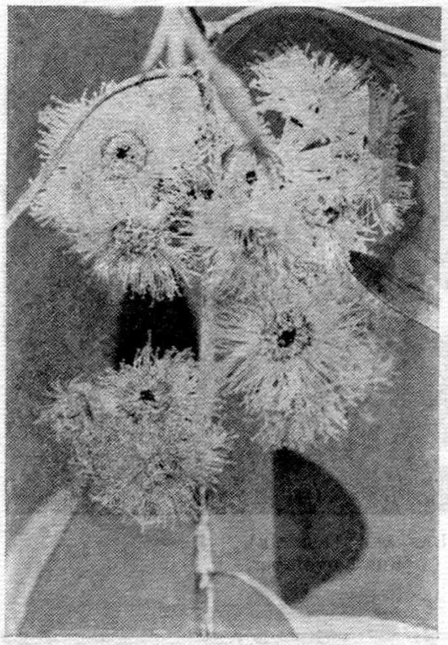

Eucalyptus coccifera (AUSTRALIAN GUM).
Purple, 10-30 ft. December.

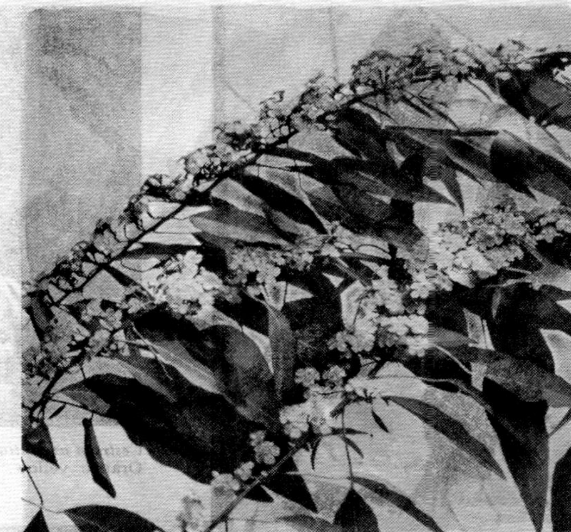

Euphorbia fulgens (SPURGE).
Scarlet, 2-3 ft. August.

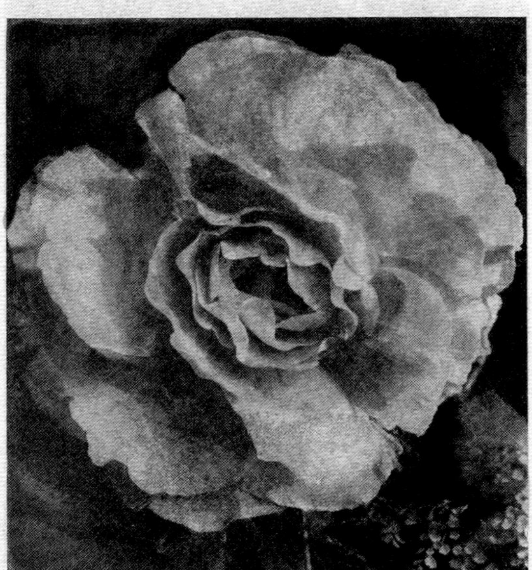

Begonia hybrida tuberosa flore-pleno (DOUBLE-FLOWERED TUBEROUS-ROOTED BEGONIA). Colours various, 1-1½ ft. May-September.

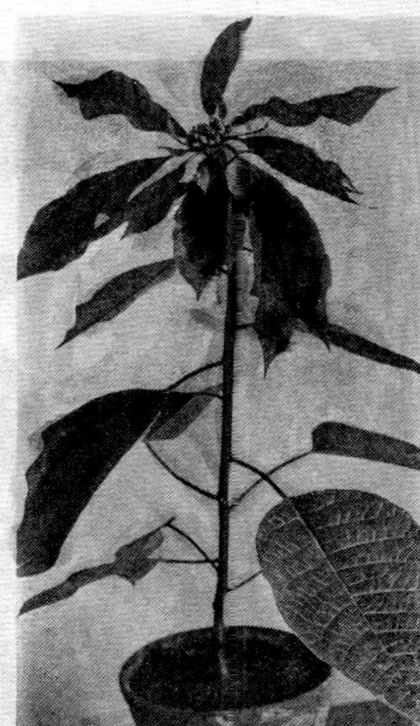

Euphorbia pulcherrima (POINSETTIA).
Scarlet, 3-6 ft. November-February.

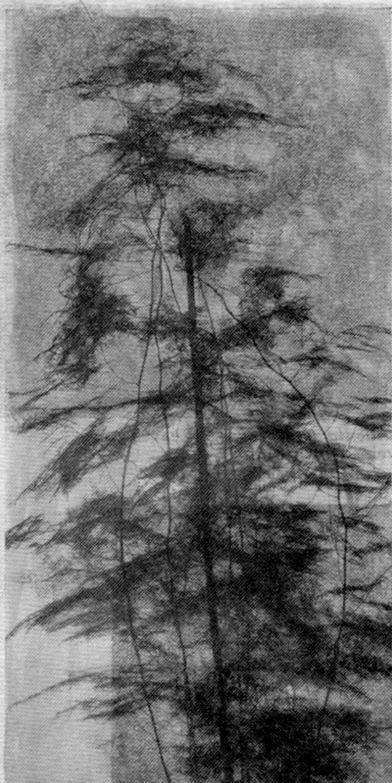

Asparagus plumosus (ASPARAGUS FERN). Fine fern-like foliage, 4-10 ft.

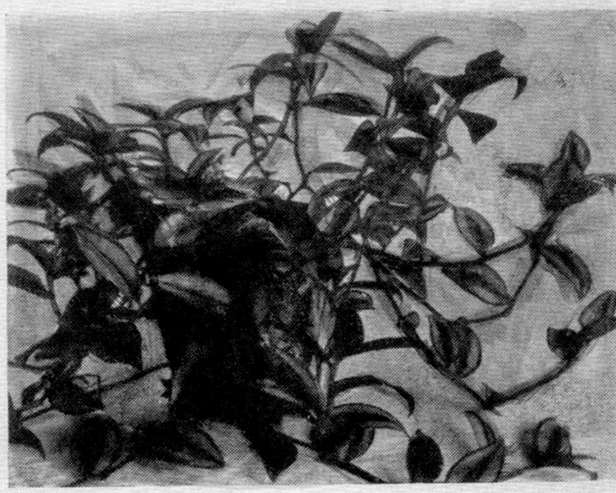

Zebrina pendula. Foliage striped white above, purple beneath. Trailing.

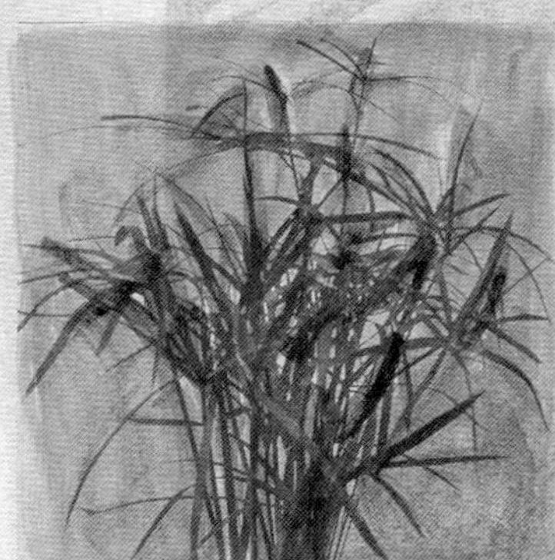

Cyperus alternifolius (UMBRELLA PLANT). Leaves green, 2½ ft.

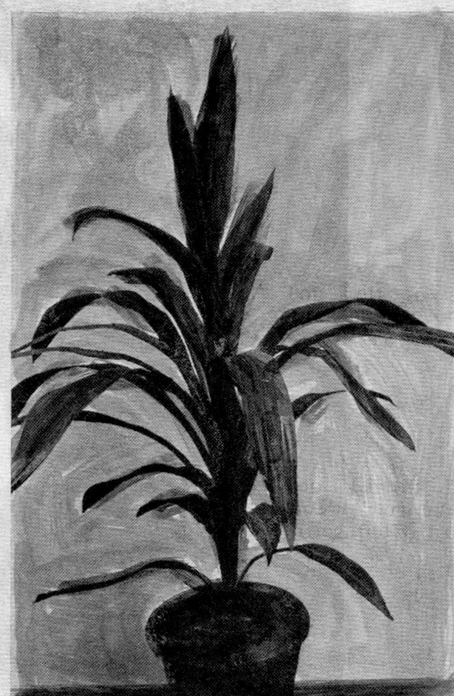

Cordyline Bruanti. Dark green leaves, 2-10 ft.

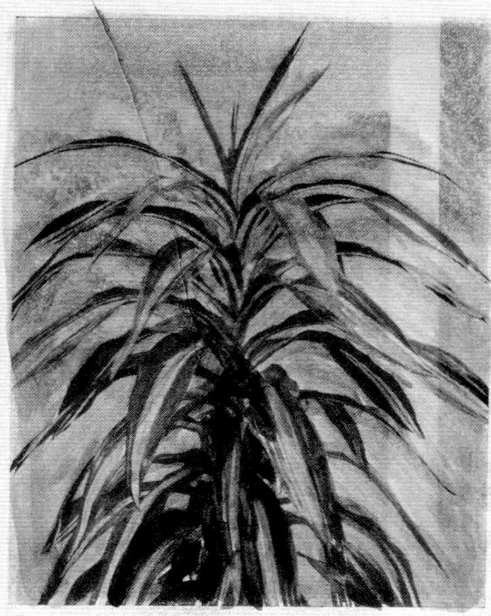

Dracæna fragrans Victoriæ (DRAGON PLANT).
Leaves green and creamy white, 2-5 ft.

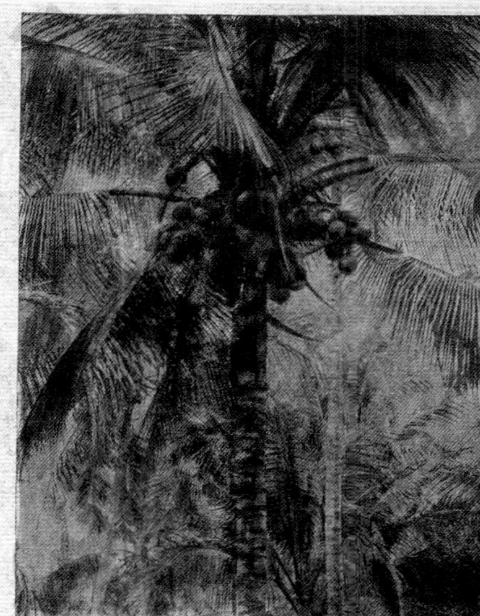

Cocos nucifera (COCOANUT PALM).
Frond-like leaves, attains great height.

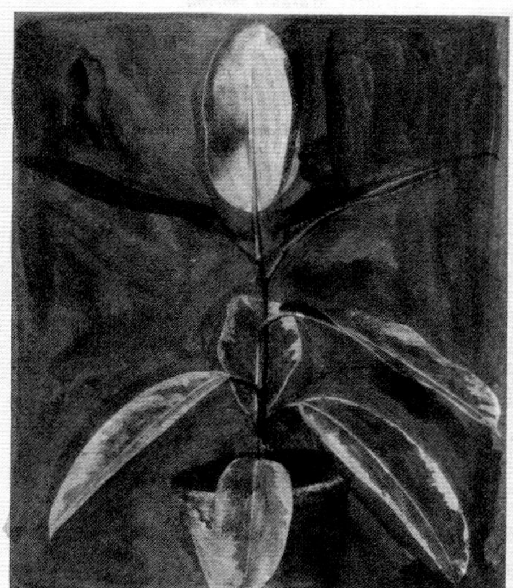

Ficus elastica variegata (INDIA RUBBER PLANT).
Leaves green and variegated, 2-5 ft.

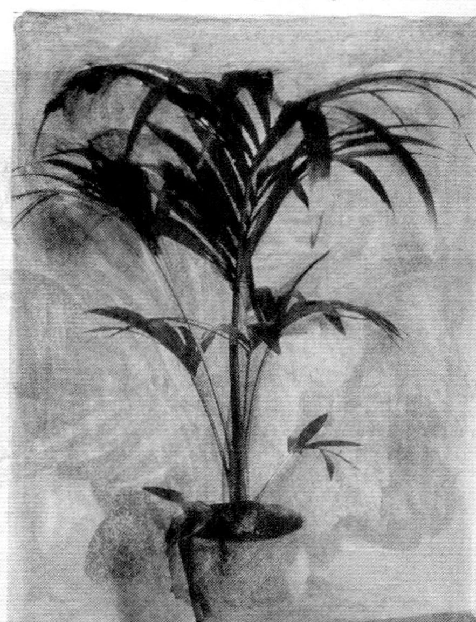

Howea belmoreana, syn. Kentia belmoreana. Leaves green, 6-10 ft.

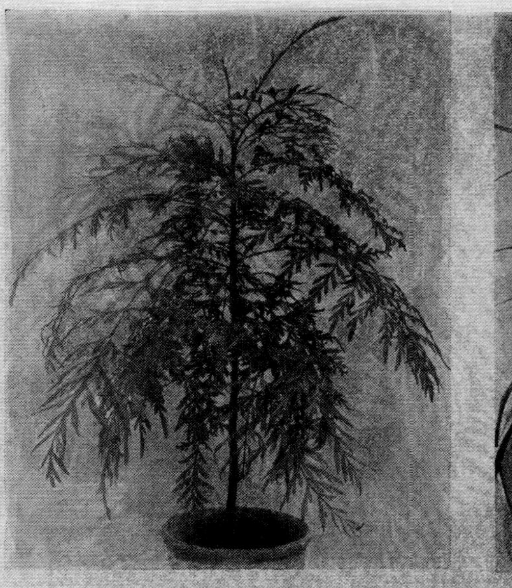

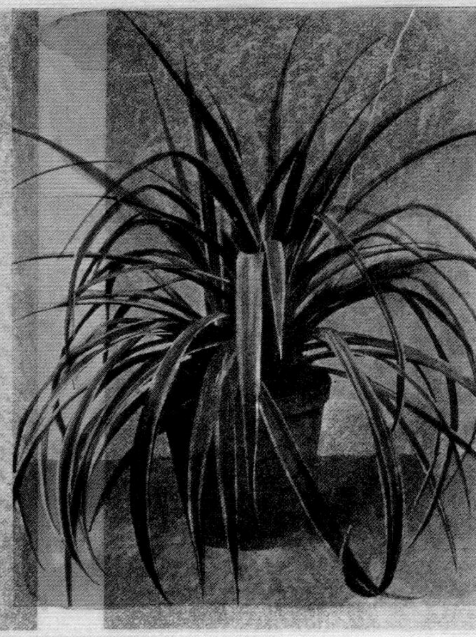

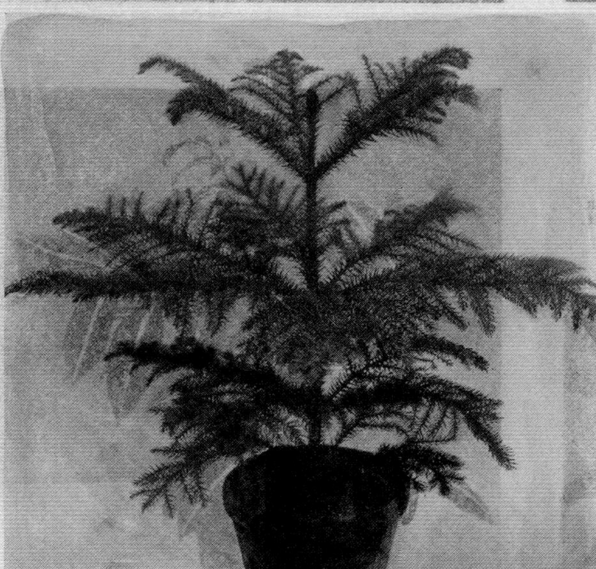

Top Left: *Grevillea robusta* (SILK-BARK OAK). 5-20 ft.

Top Right: *Chlorophytum elatum variegatum.* Leaves variegated with creamy white, 2-3 ft.

Bottom: *Araucaria excelsa* (NORFOLK ISLAND PINE). Up to 40 ft.

(d)

PIERRE VERGER

Lámina / Plate 26: *Togo I*, ca. 1936
Fotografía a las sales de plata. Copia posterior
Gelatin silver print. Later copy
18,2 x 16,5 cm

Lámina / Plate 27: *Togo II*, ca. 1936
Fotografía a las sales de plata. Copia posterior
Gelatin silver print. Later copy
18,2 x 16,5 cm

Lámina / Plate 28: *Togo III*, ca. 1936
Fotografía a las sales de plata. Copia posterior
Gelatin silver print. Later copy
24 x 18 cm

Lámina / Plate 29: *Togo IV*, ca. 1936
Fotografía a las sales de plata. Copia posterior
Gelatin silver print. Later copy
18,2 x 16,5 cm

Lámina / Plate 30: *Togo V*, ca. 1936
Fotografía a las sales de plata. Copia posterior
Gelatin silver print. Later copy
18,2 x 16,5 cm

Lámina / Plate 31: *Togo VI*, ca. 1936
Fotografía a las sales de plata. Copia posterior
Gelatin silver print. Later copy
18,2 x 16,5 cm

Lámina / Plate 32: *Togo VII*, ca. 1936
Fotografía a las sales de plata. Copia posterior
Gelatin silver print. Later copy
18,2 x 16,5 cm

Lámina / Plate 26.

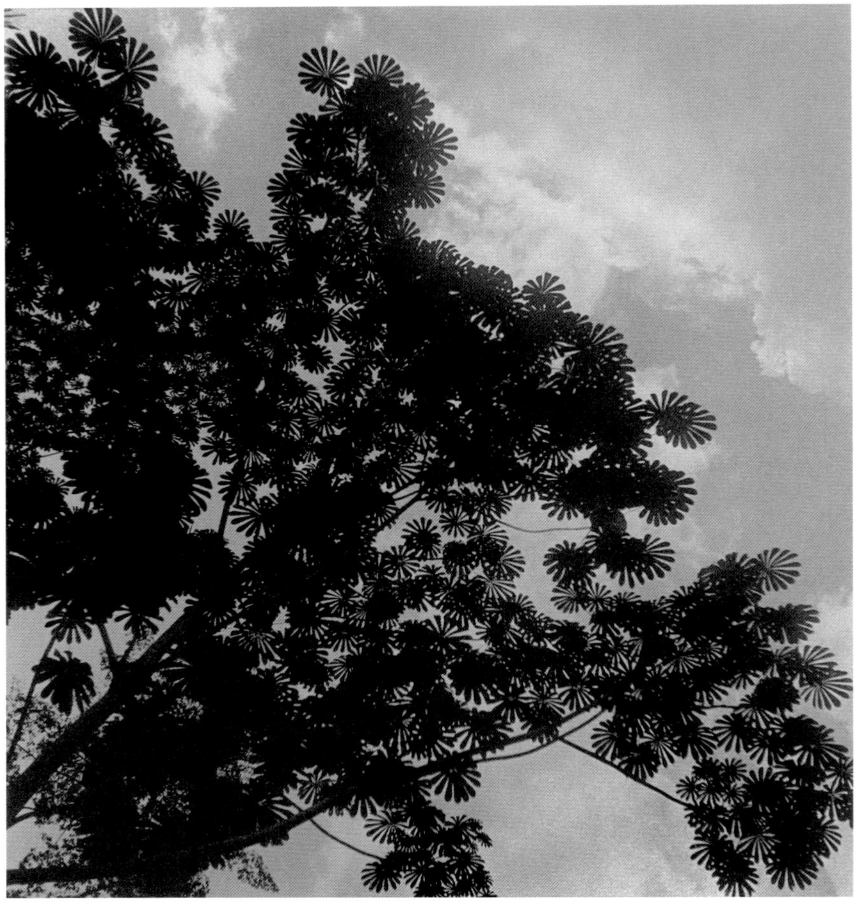

Togo I, ca. 1936

Lámina / Plate 27.

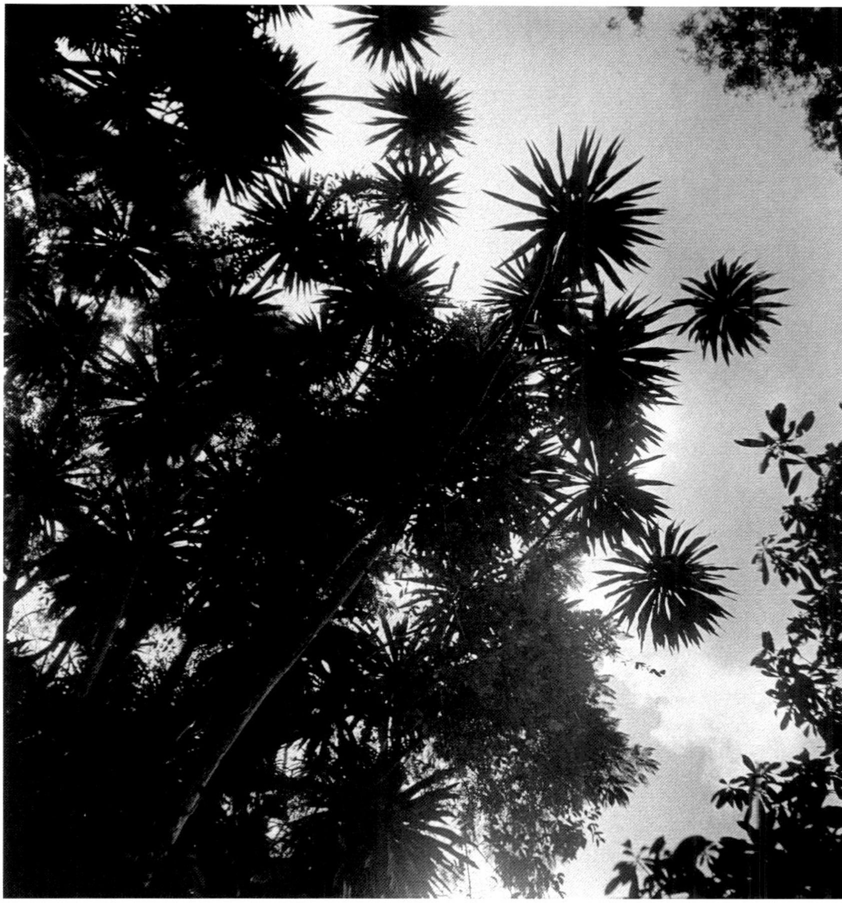

Togo II, ca. 1936

Lámina / Plate 28.

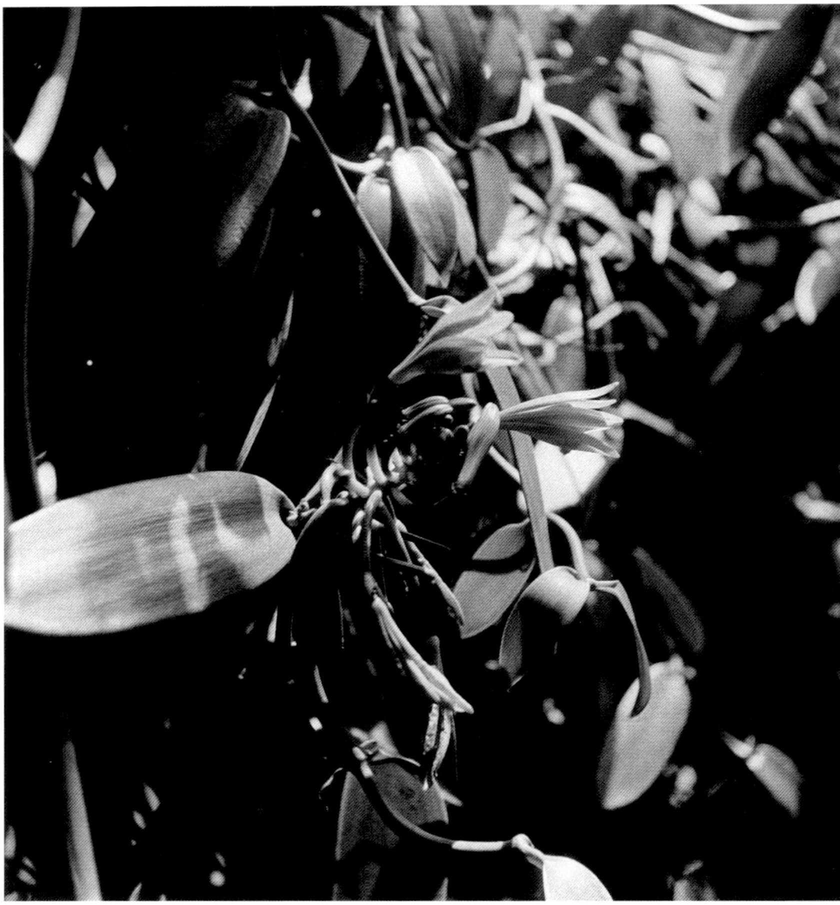

Togo III, ca. 1936

Lámina / Plate 29.

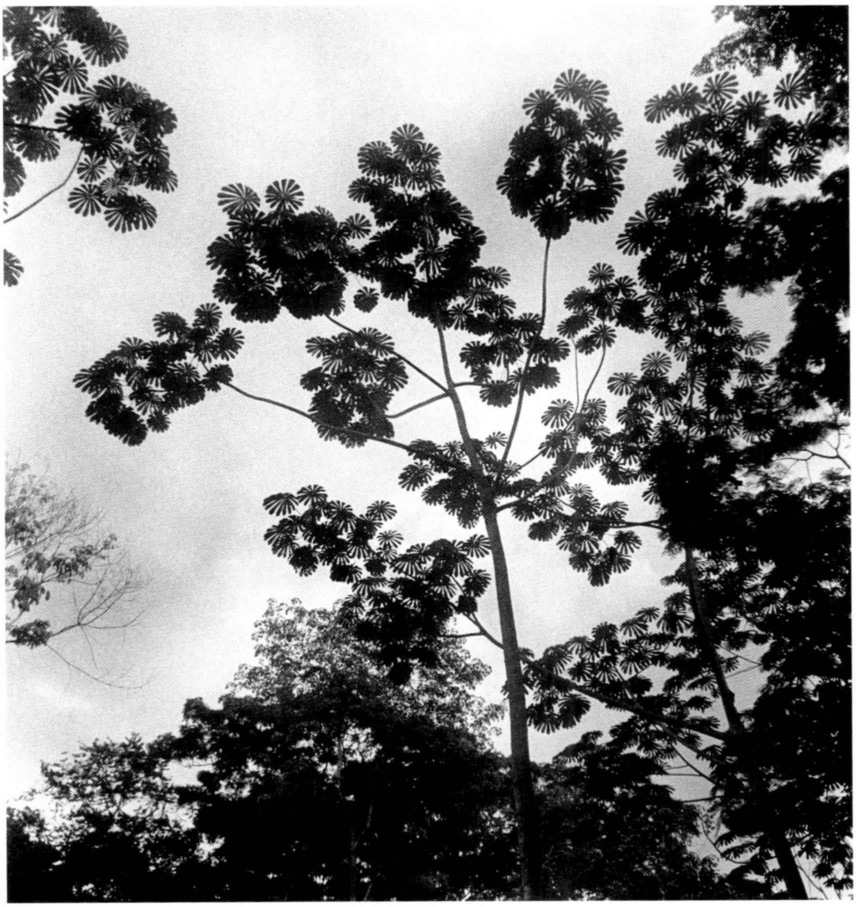

Togo IV, ca. 1936

Lámina / Plate 30.

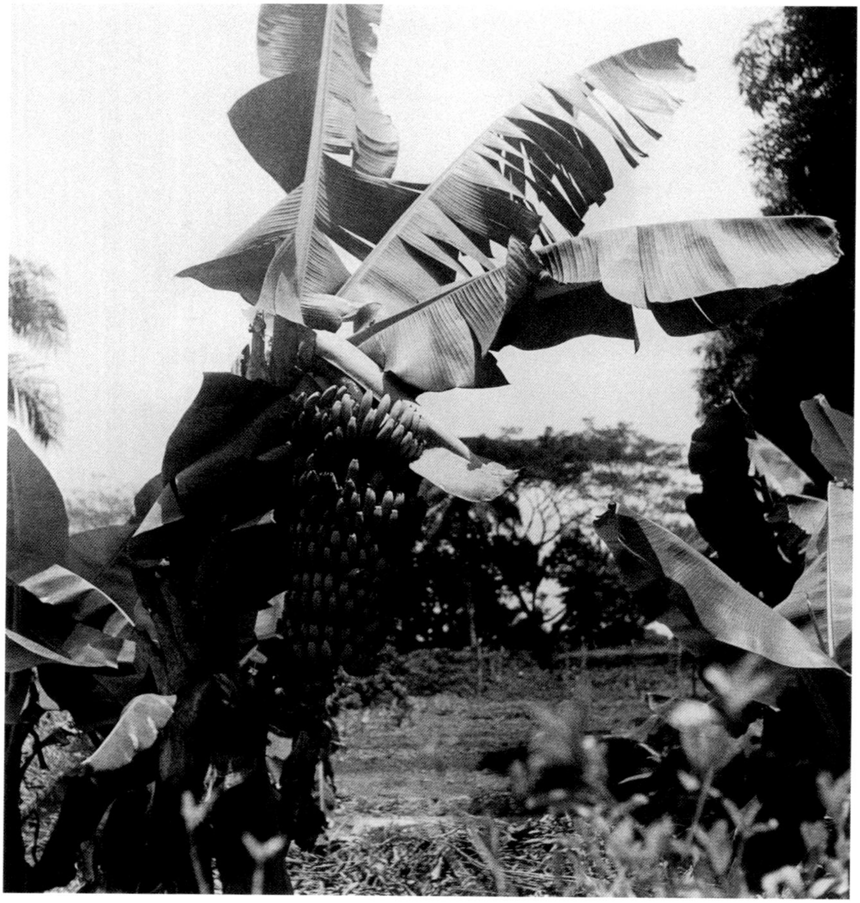

Togo V, ca. 1936

Lámina / Plate 31.

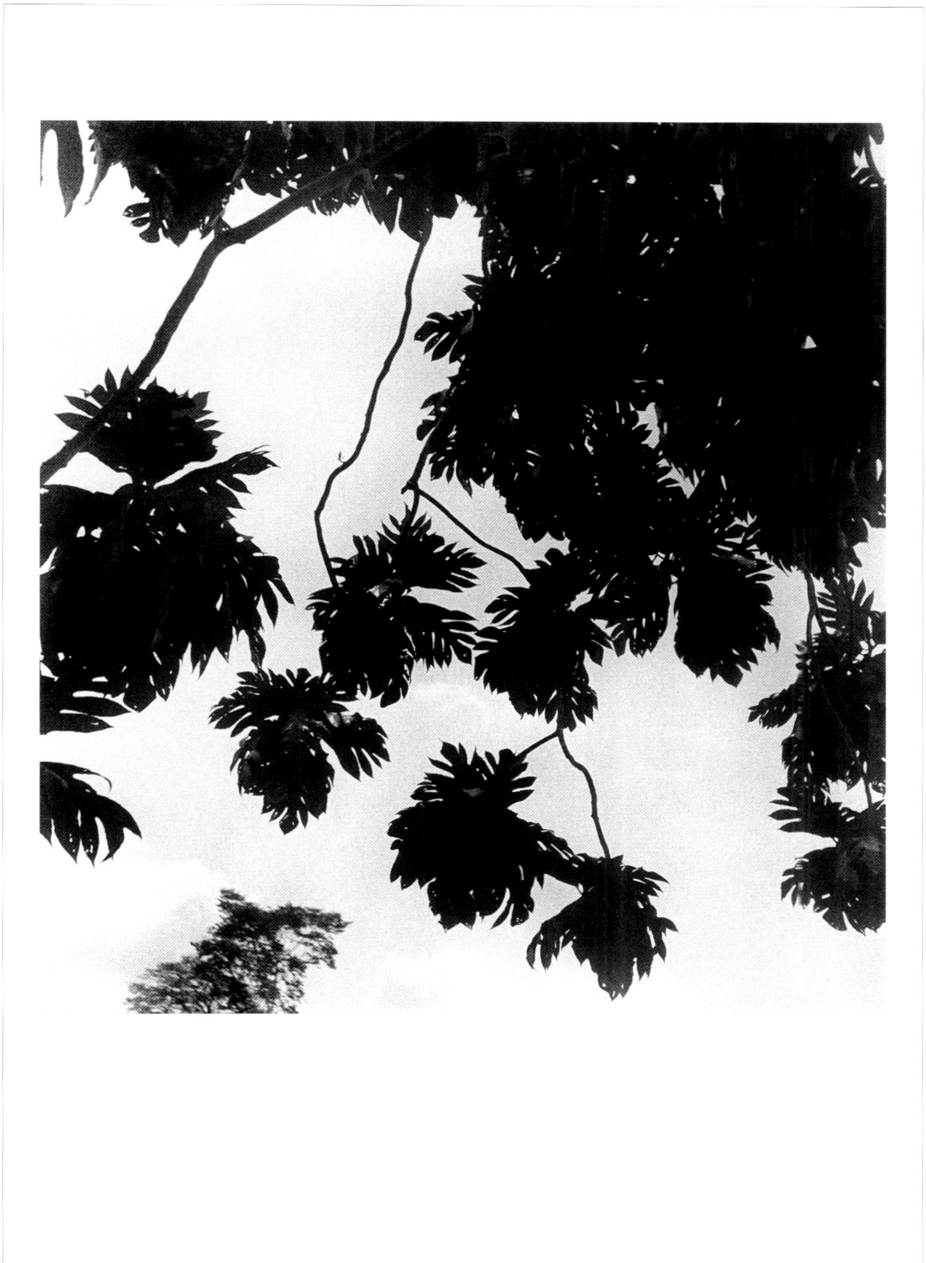

Togo VI, ca. 1936

Lámina / Plate 32.

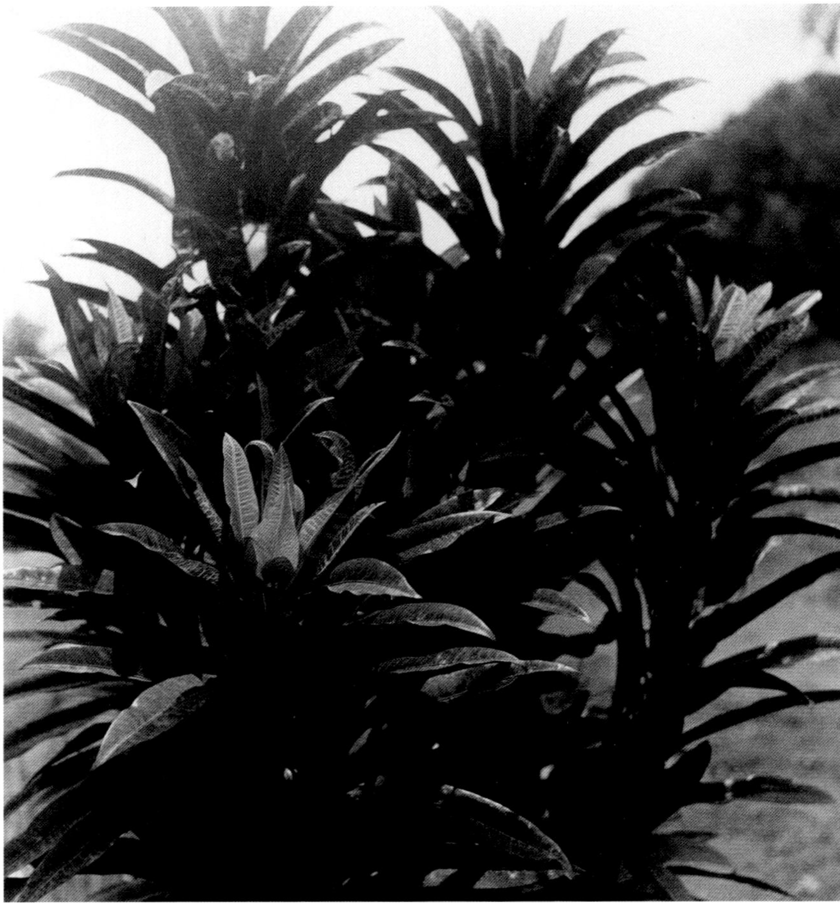

Togo VII, ca. 1936

Juan del Junco, *Expolio* [Plunder], 2016

18 fotografías a las sales de plata digitalizadas e impresas
con pigmentos naturales
18 gelatin silver prints digitized and printed
with natural pigments
30 x 41,3 cm c. u. / each

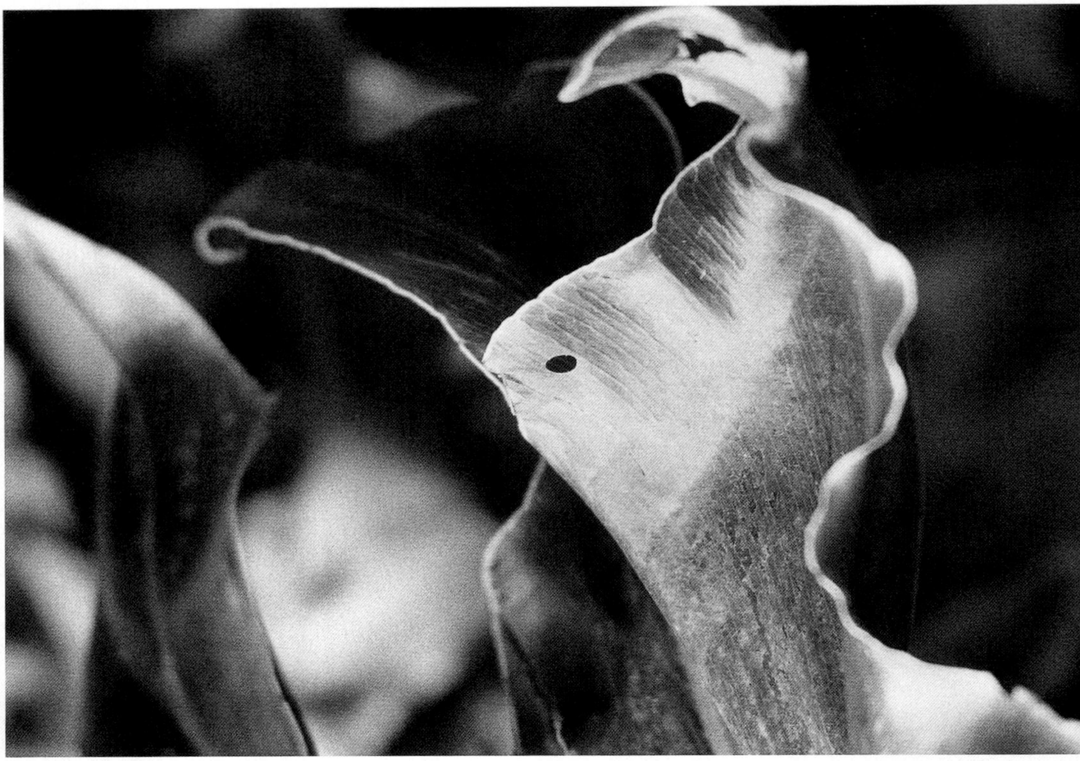

PLATE I

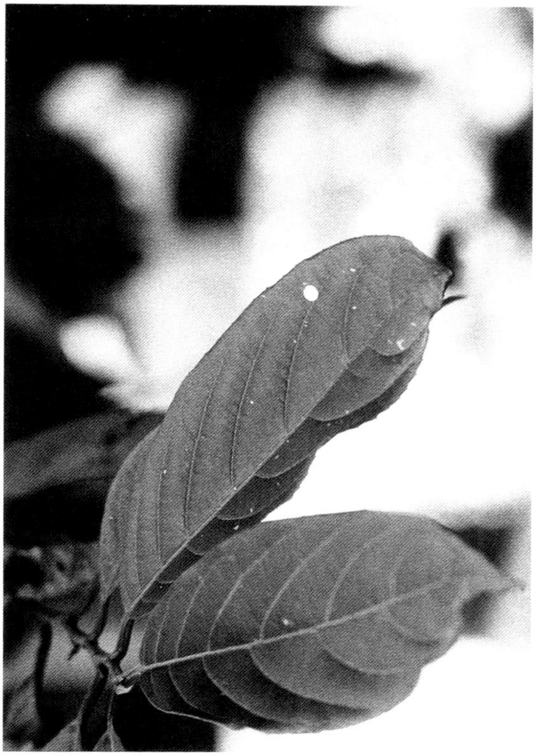

PLATE II

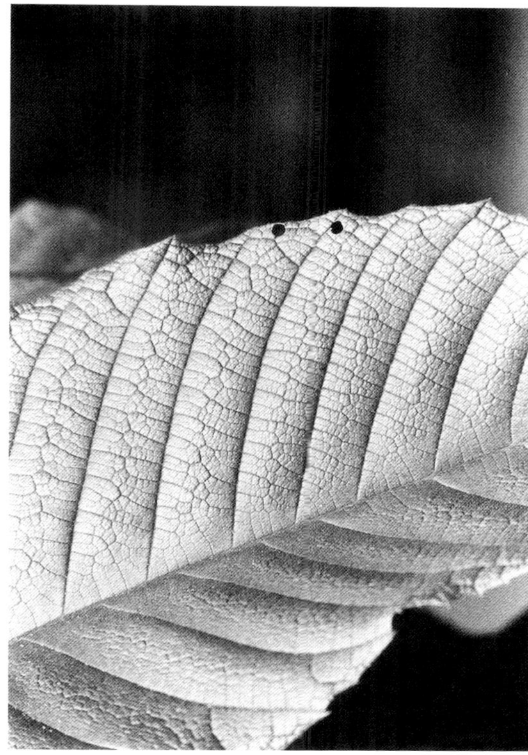

PLATE III

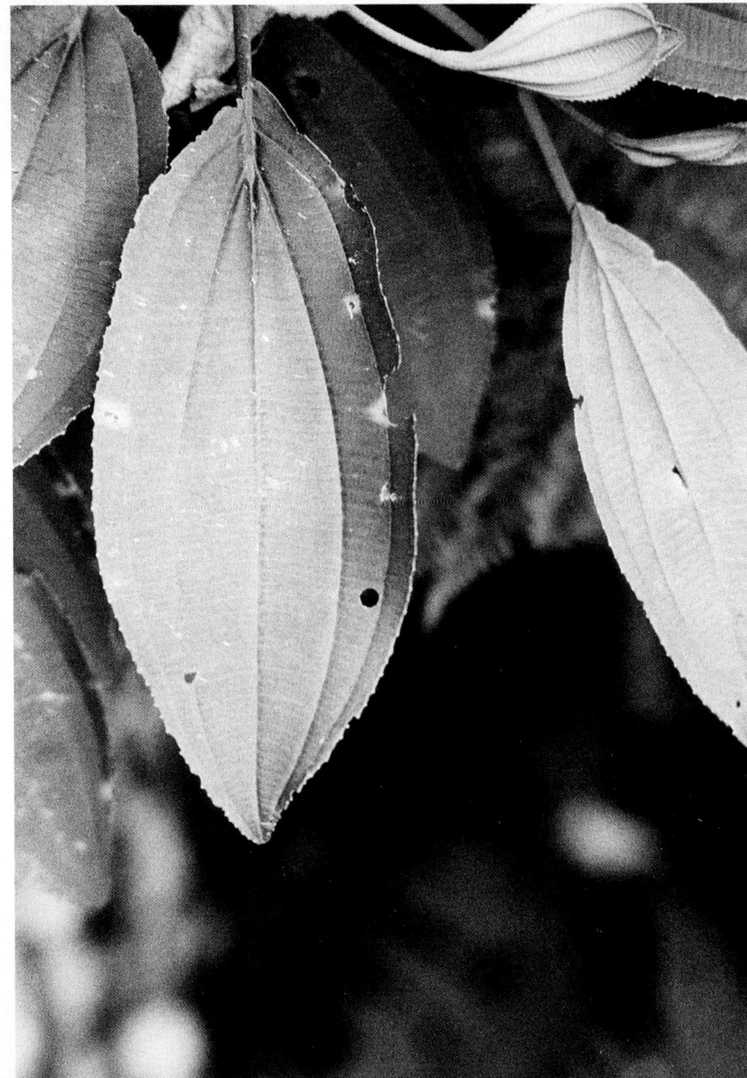

PLATE IV

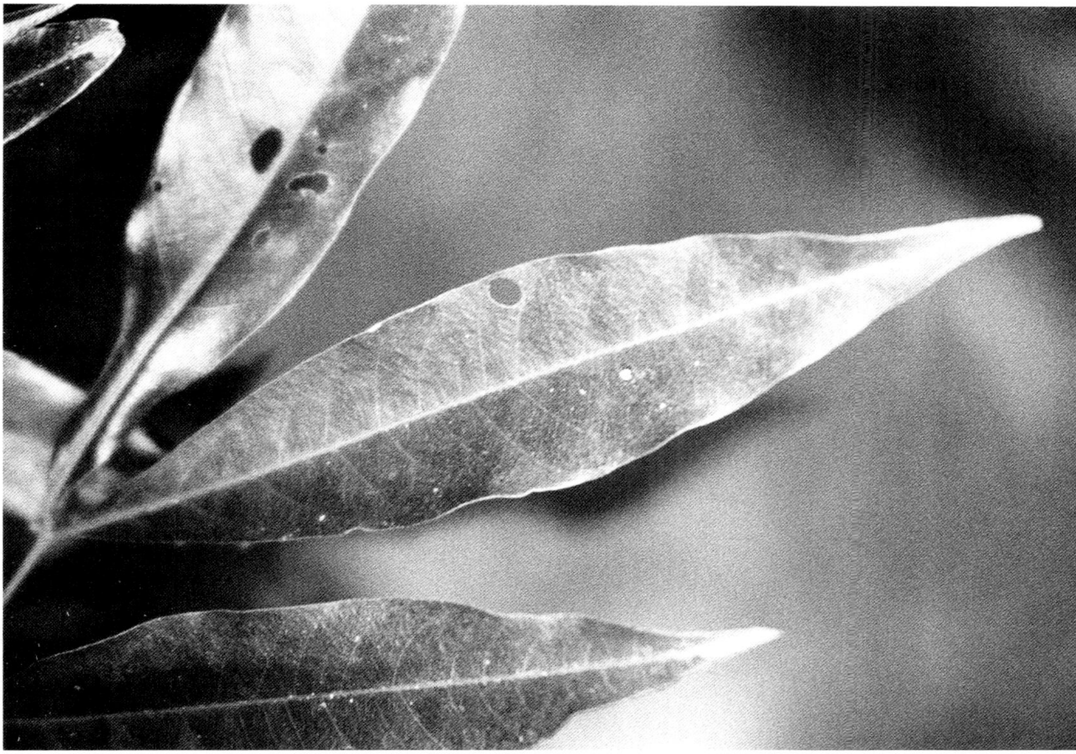

PLATE V

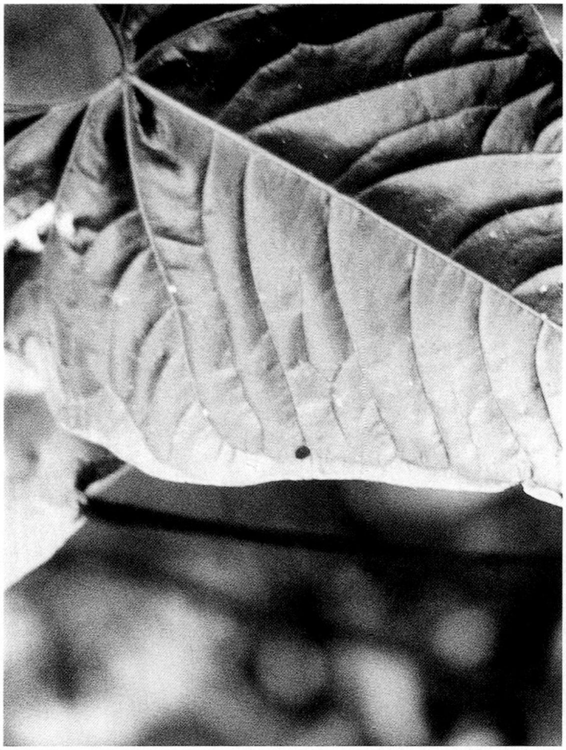

PLATE VI

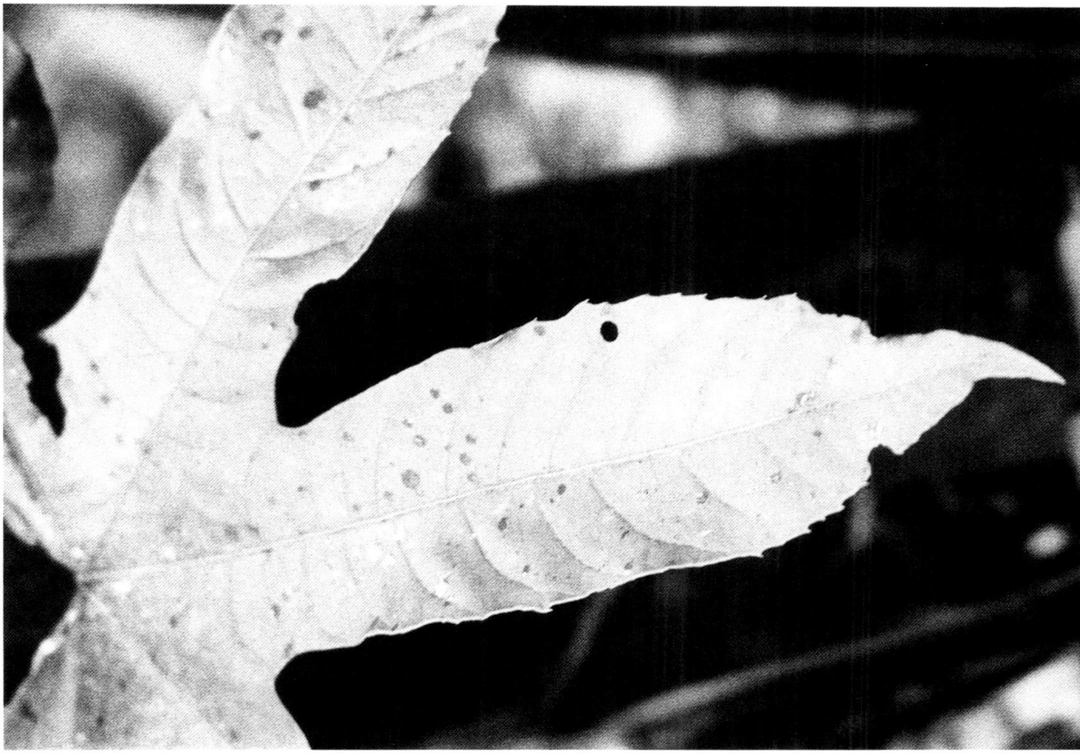

PLATE VII

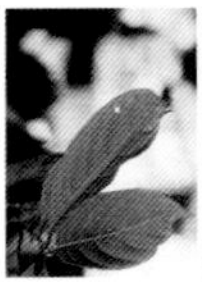
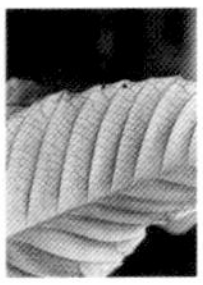
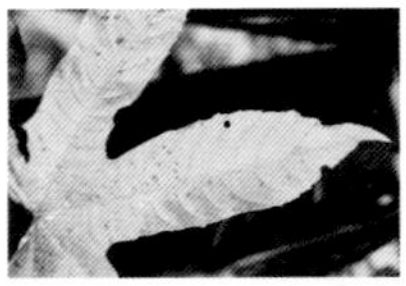
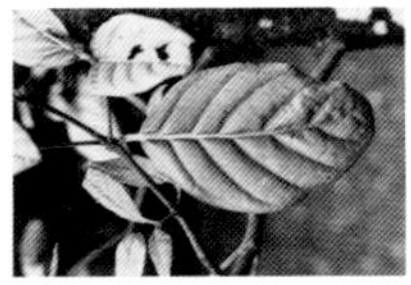
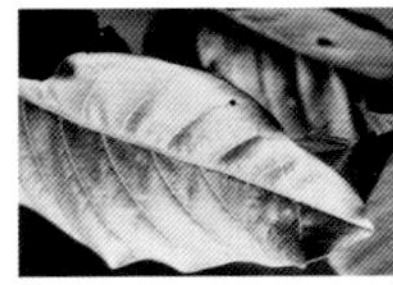
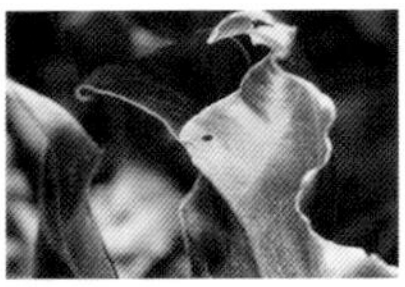
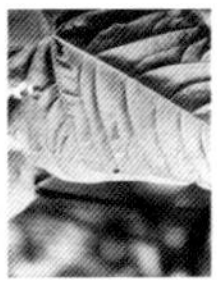
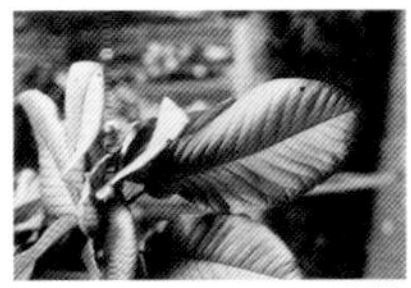
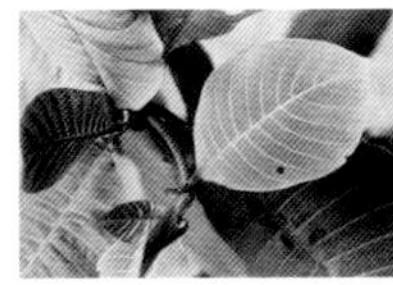

EXPOLIO

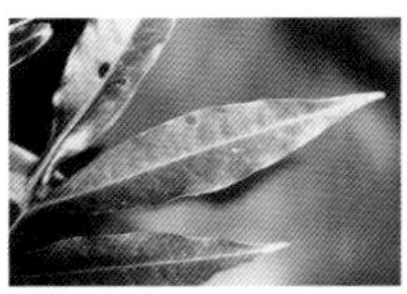
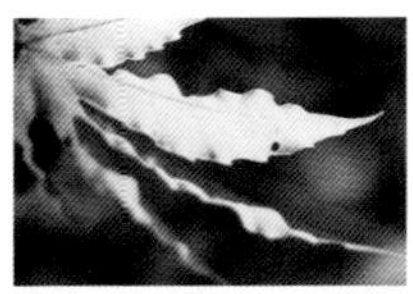
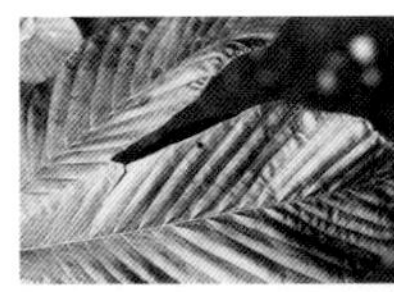
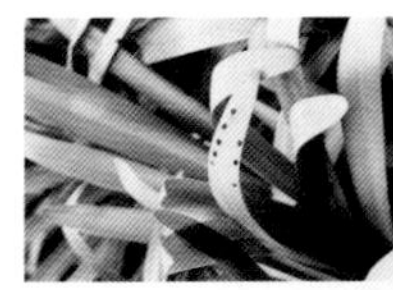
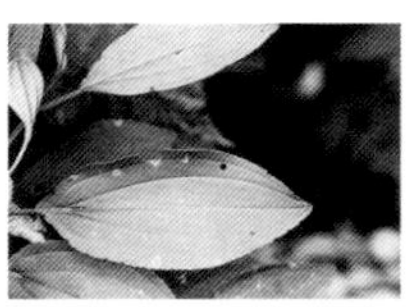
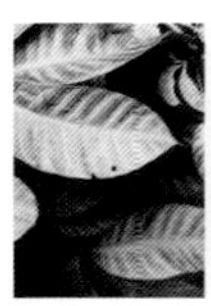
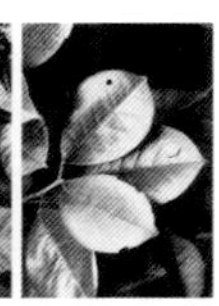
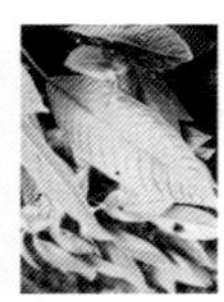
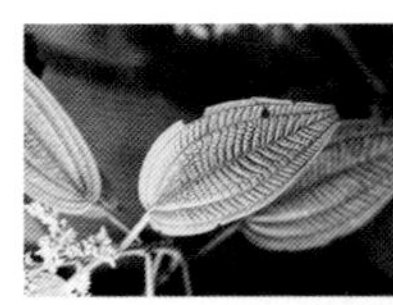
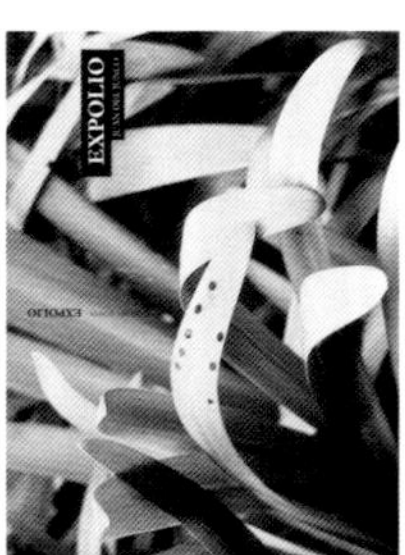

(e)

JONAS MEKAS

Láminas / Plates 33-40: *Flowers*
[Flores], 1968-2017
Impresiones digitales
C-prints
55,3 x 42,8 cm c. u. / each

Lámina / Plate 33.

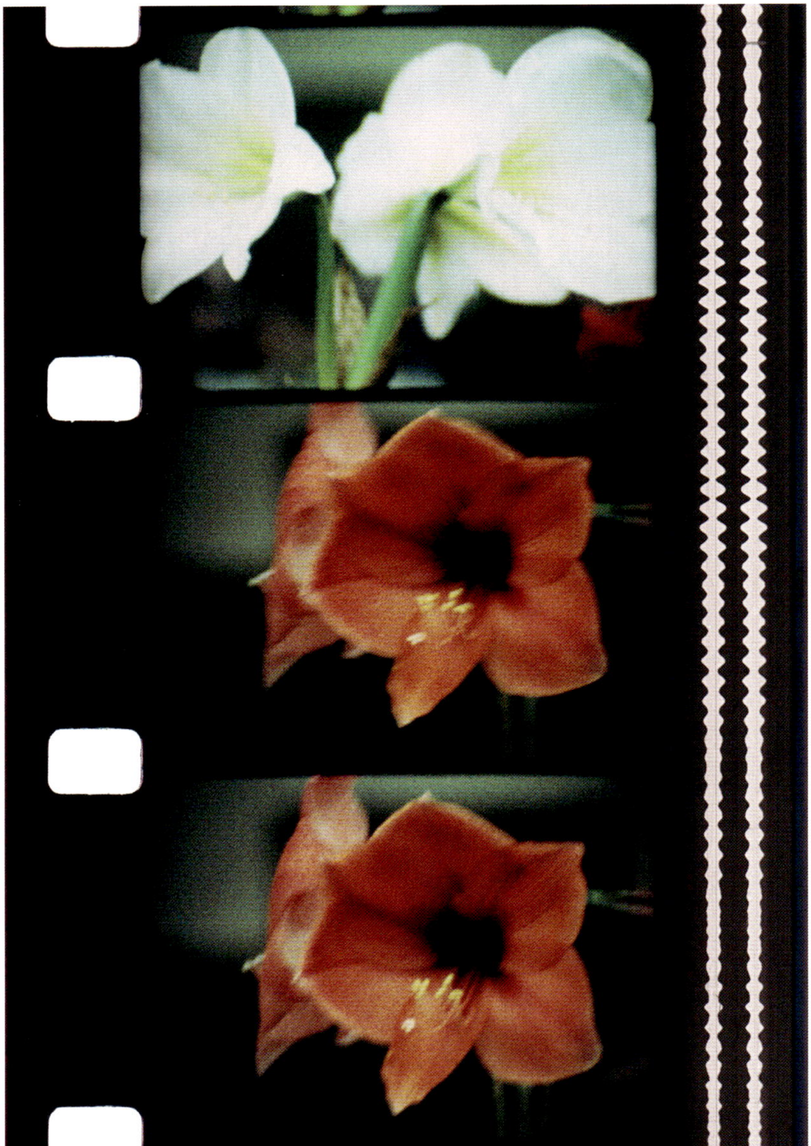

Flowers, 1968-2017

Lámina / Plate 34.

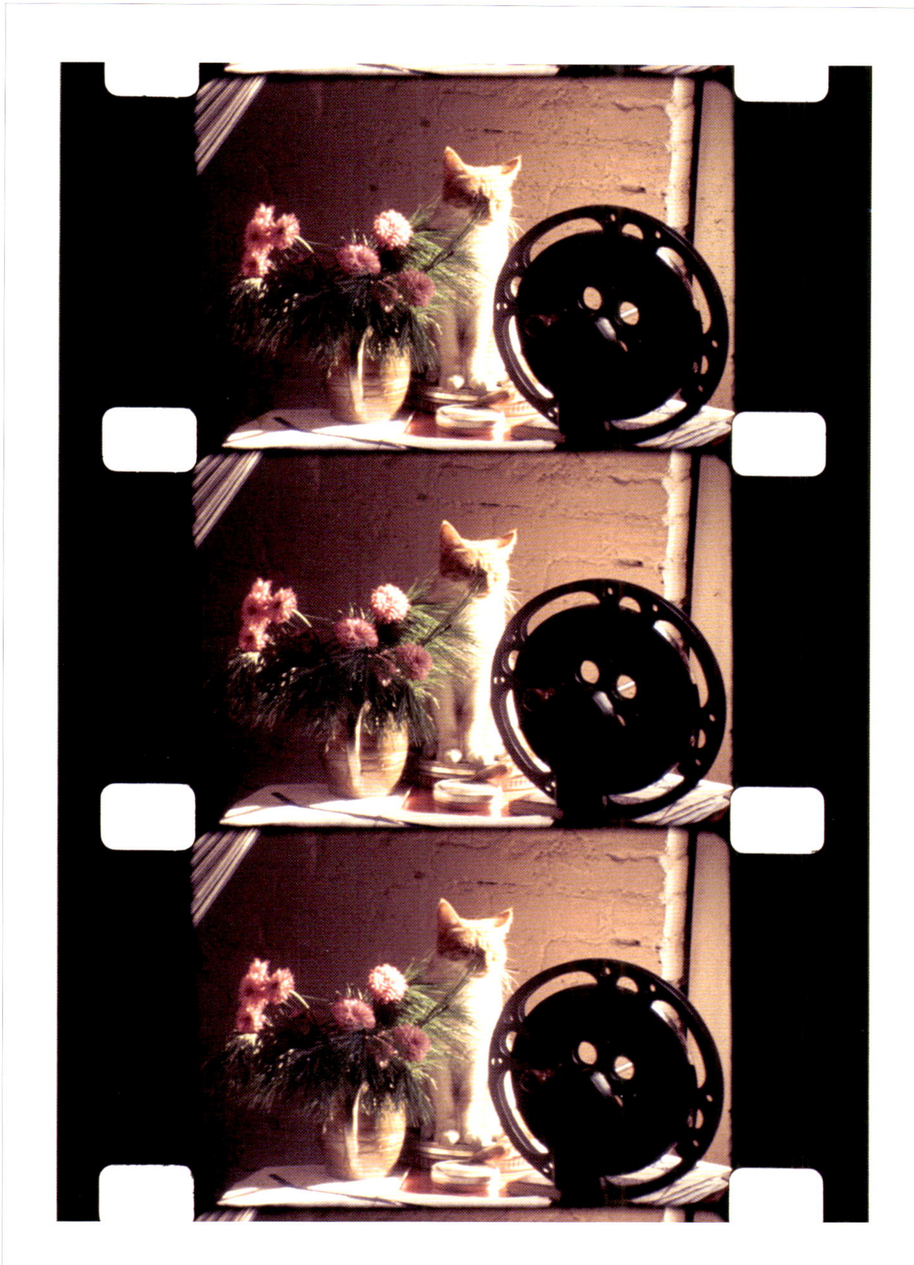

Flowers, 1968-2017

Lámina / Plate 35.

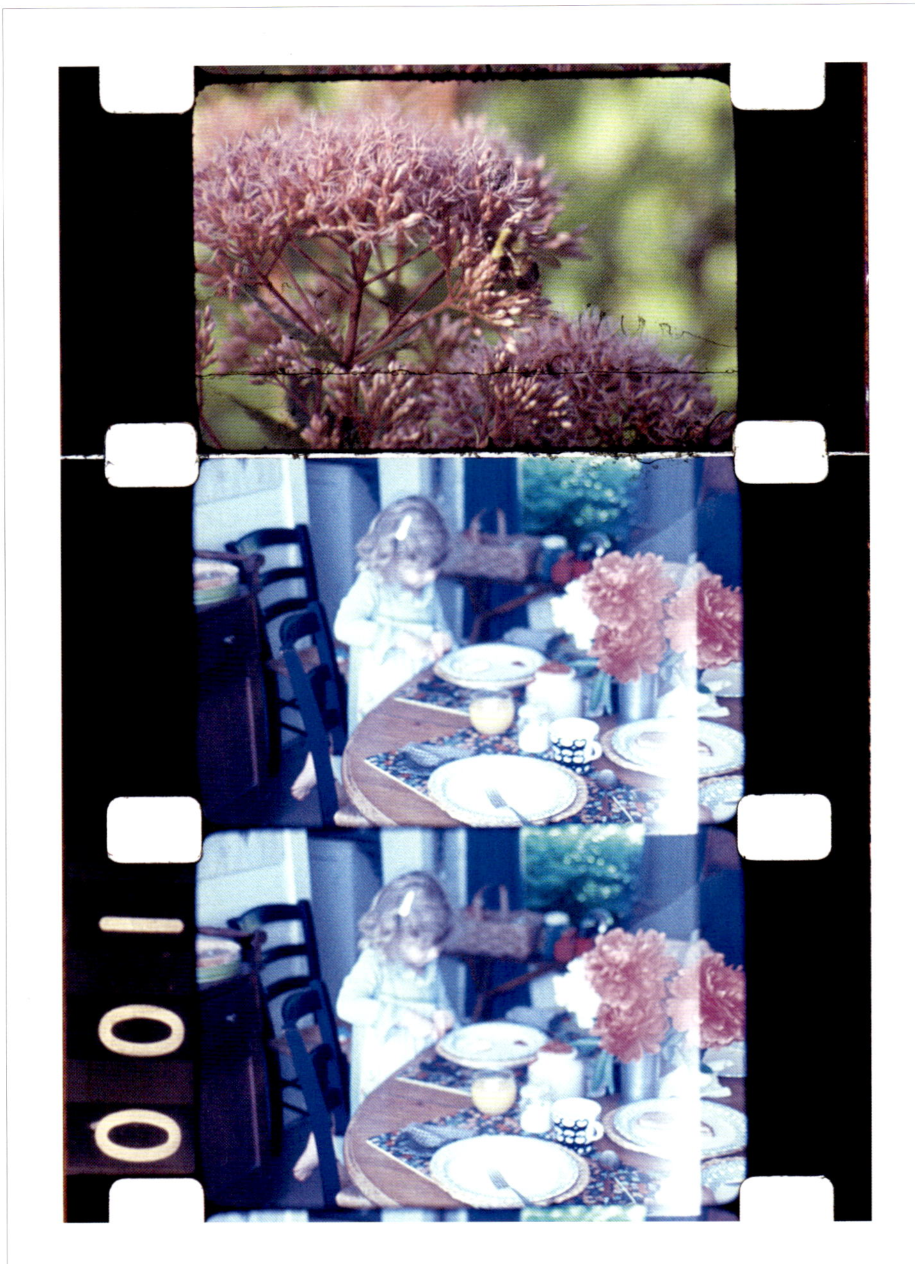

Flowers, 1968-2017

Lámina / Plate 36.

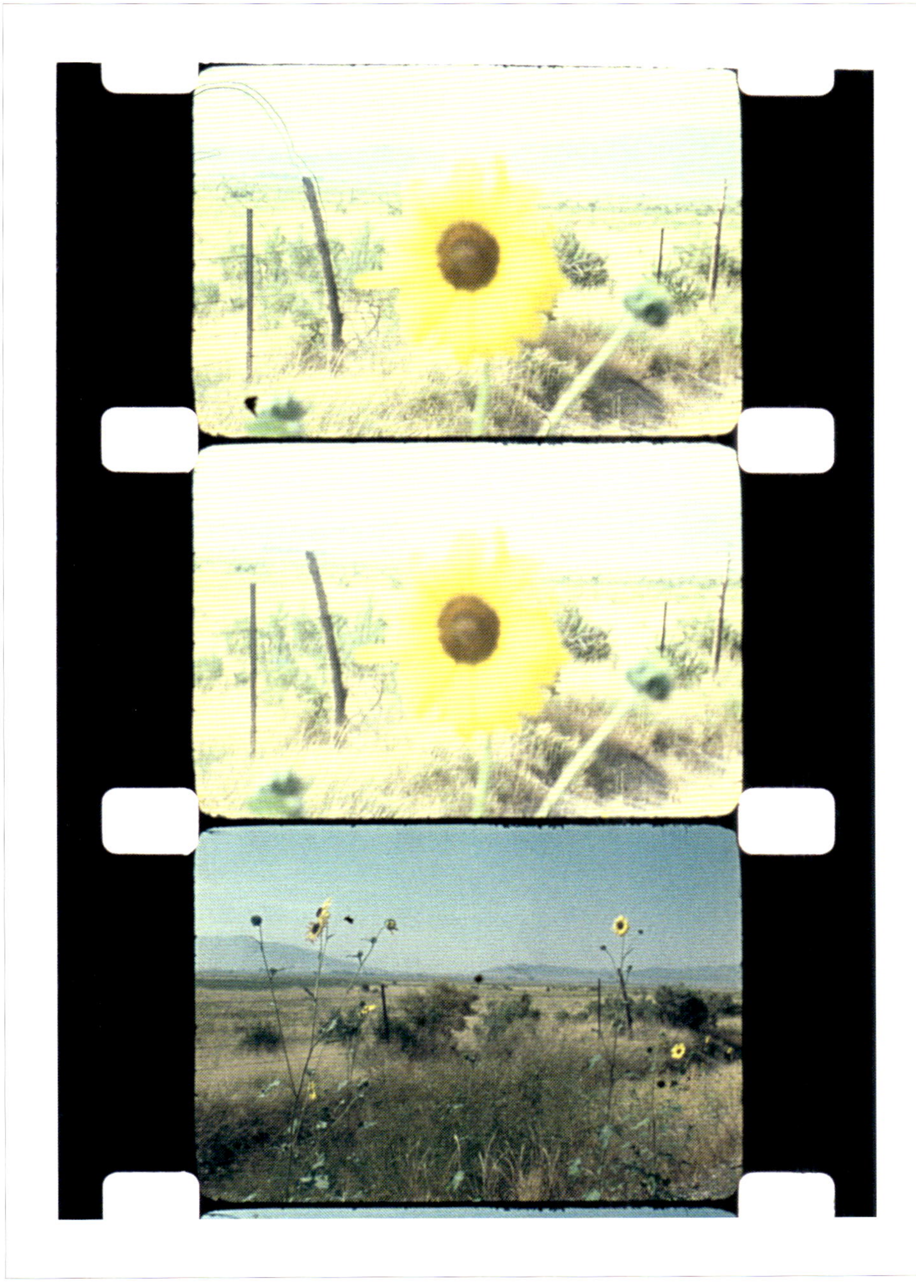

Flowers, 1968-2017

Lámina / Plate 37.

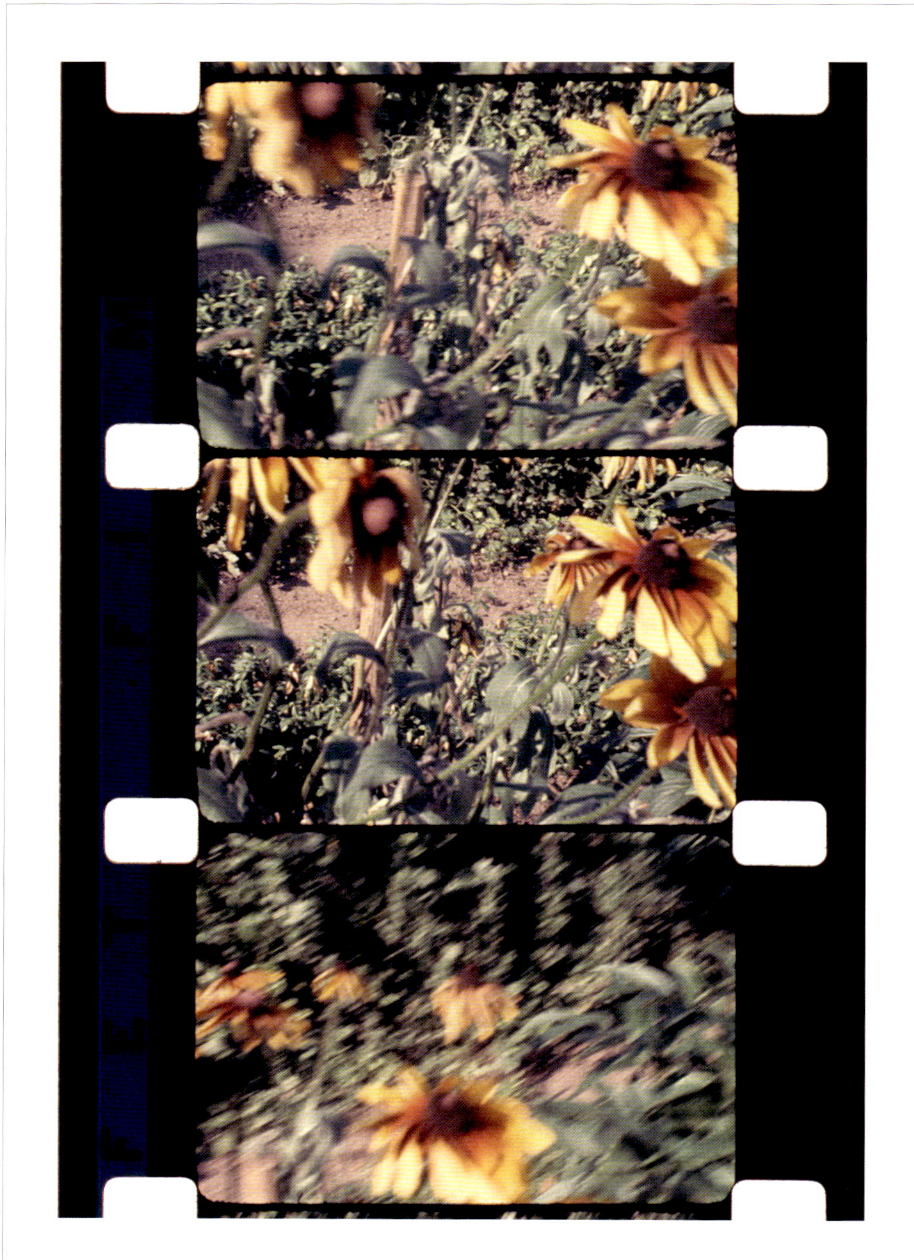

Flowers, 1968-2017

Lámina / Plate 38.

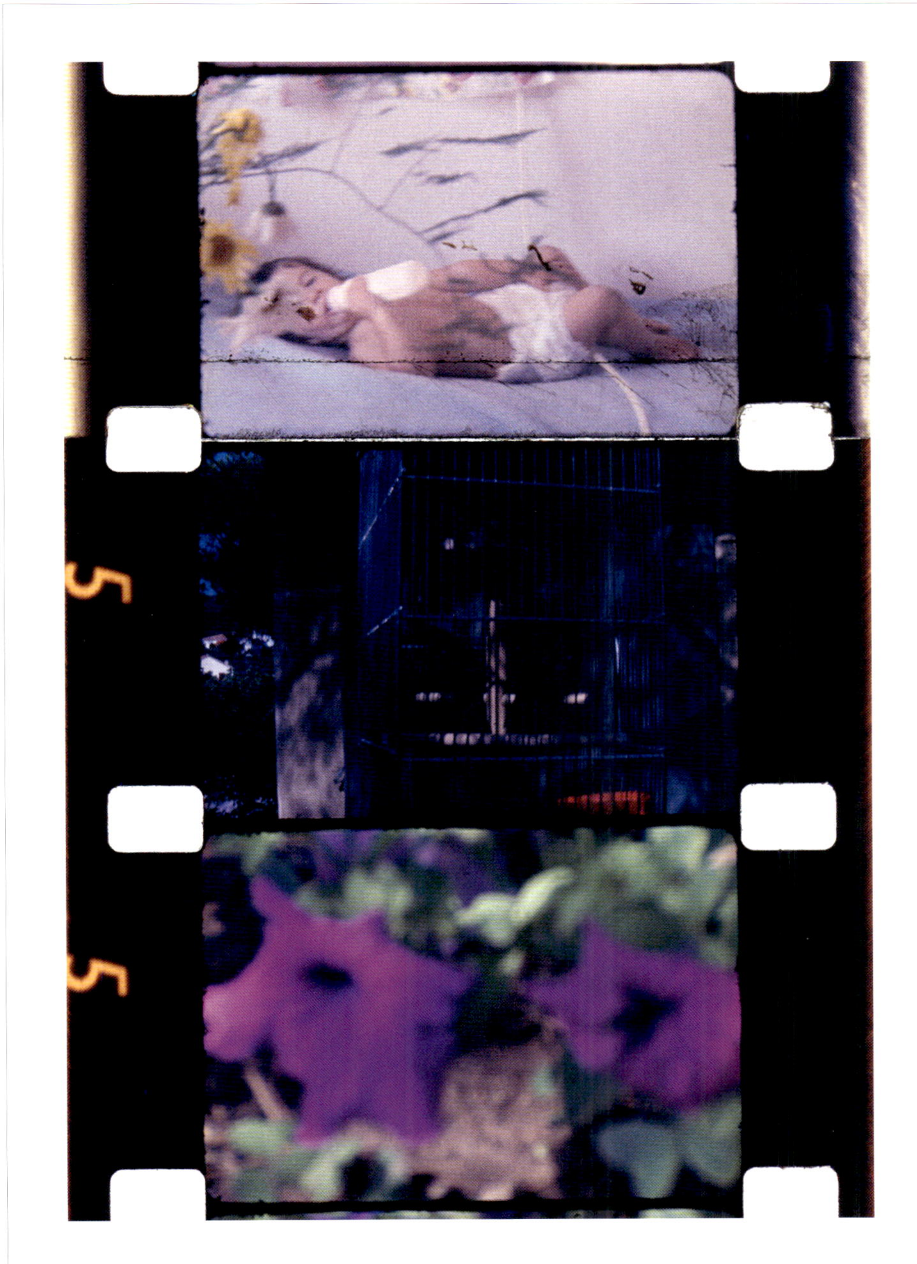

Flowers, 1968-2017

Lámina / Plate 39.

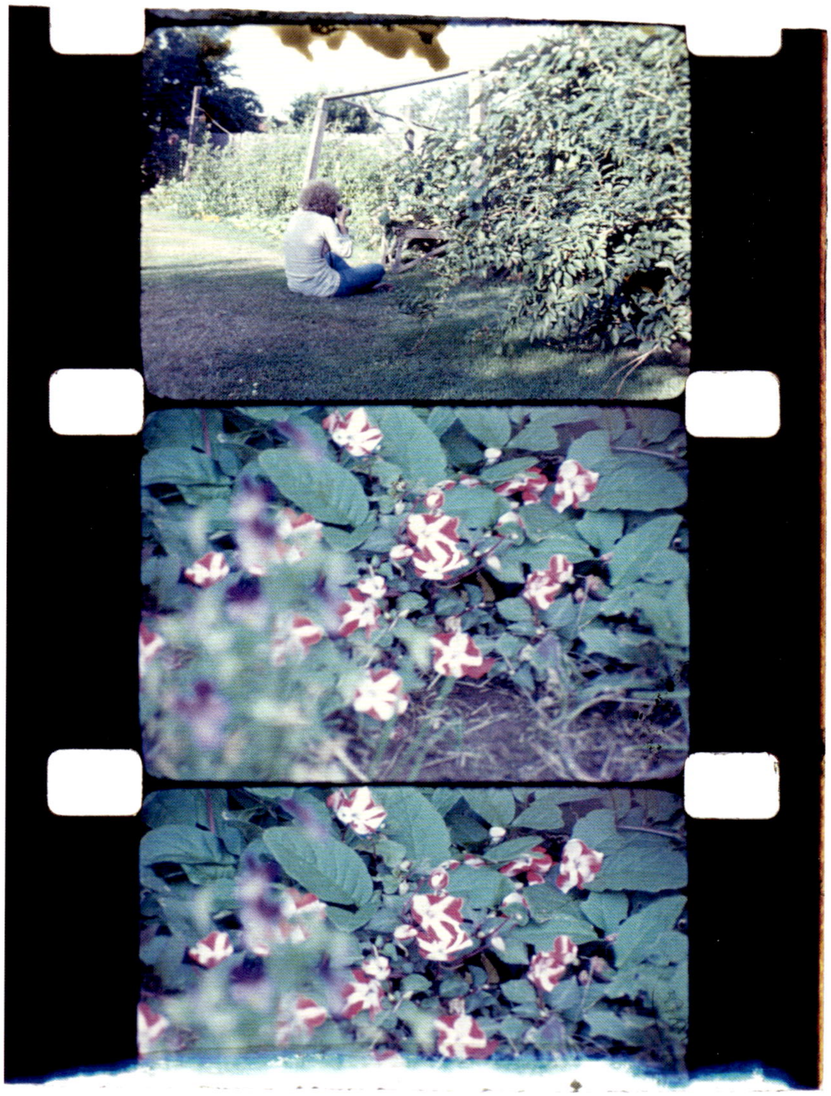

Flowers, 1968-2017

Lámina / Plate 40.

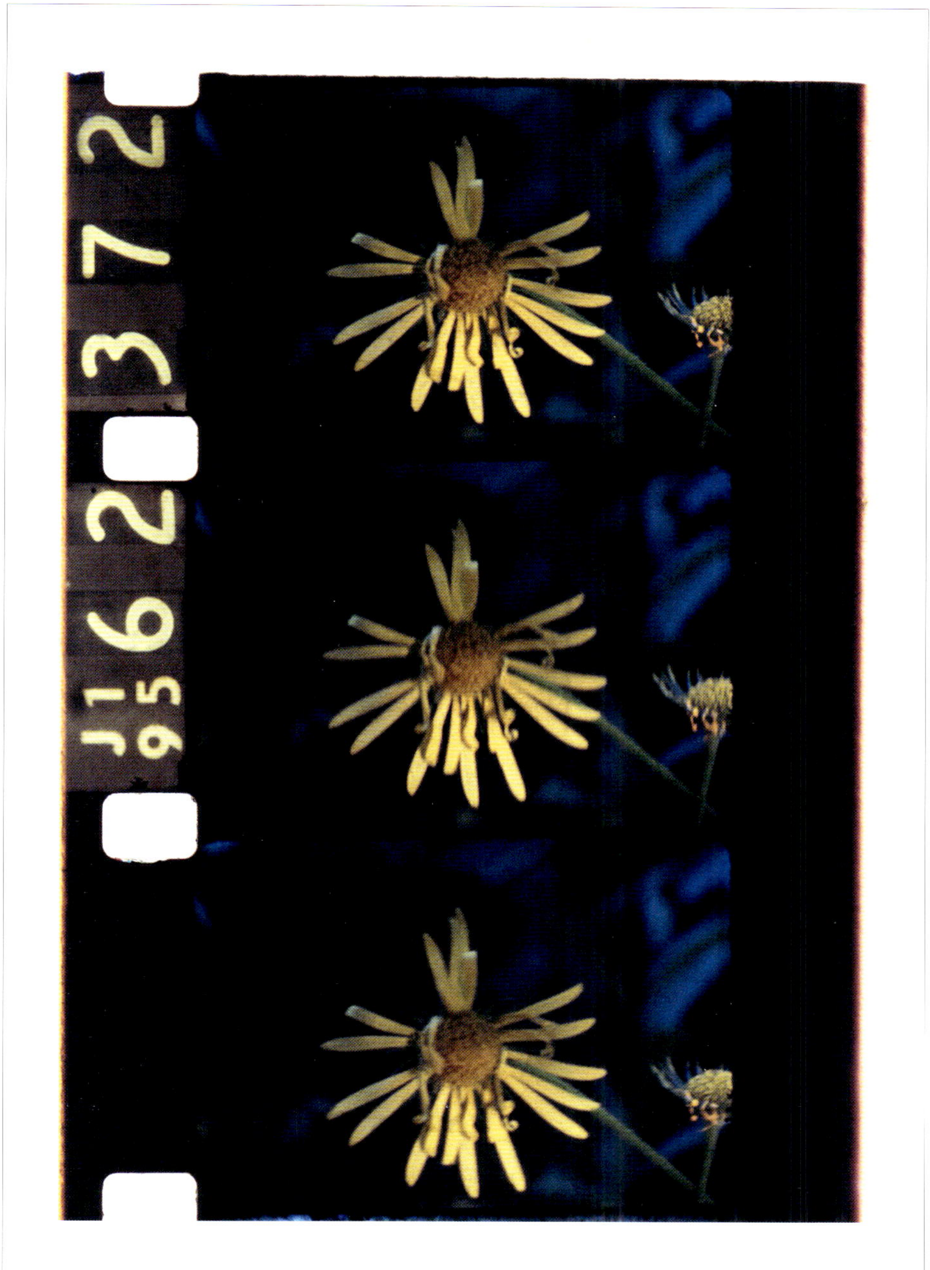

Flowers, 1968-2017

(f)

RICHARD HAMILTON

Lámina / Plate 41: *Flower Piece B*
[Pieza floral B], 1975
De la serie / From the series *Flower Piece B* [Pieza floral B]
Litografía sobre papel
Lithography on paper
42 x 31 cm

Lámina / Plate 42: *Cyan Separation*
[Separación de cian], 1975
De la serie / From the series *Flower Piece B* [Pieza floral B]
Litografía sobre papel
Lithography on paper
42 x 31 cm

Lámina / Plate 43: *Crayon Study*
[Estudio con crayón], 1975
De la serie / From the series *Flower Piece B* [Pieza floral B]
Litografía sobre papel
Lithography on paper
42 x 31 cm

Lámina / Plate 44: *Flower Piece B*
[Pieza floral B], 1975
De la serie / From the series *Flower Piece B* [Pieza floral B]
Litografía sobre papel
Lithography on paper
42 x 31 cm

Lámina / Plate 41.

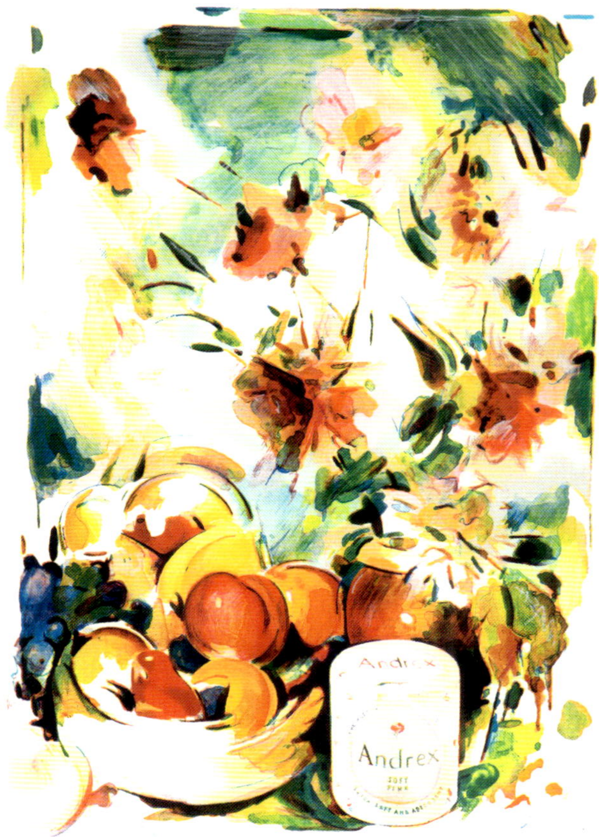

Flower Piece B, 1975

Lámina / Plate 42.

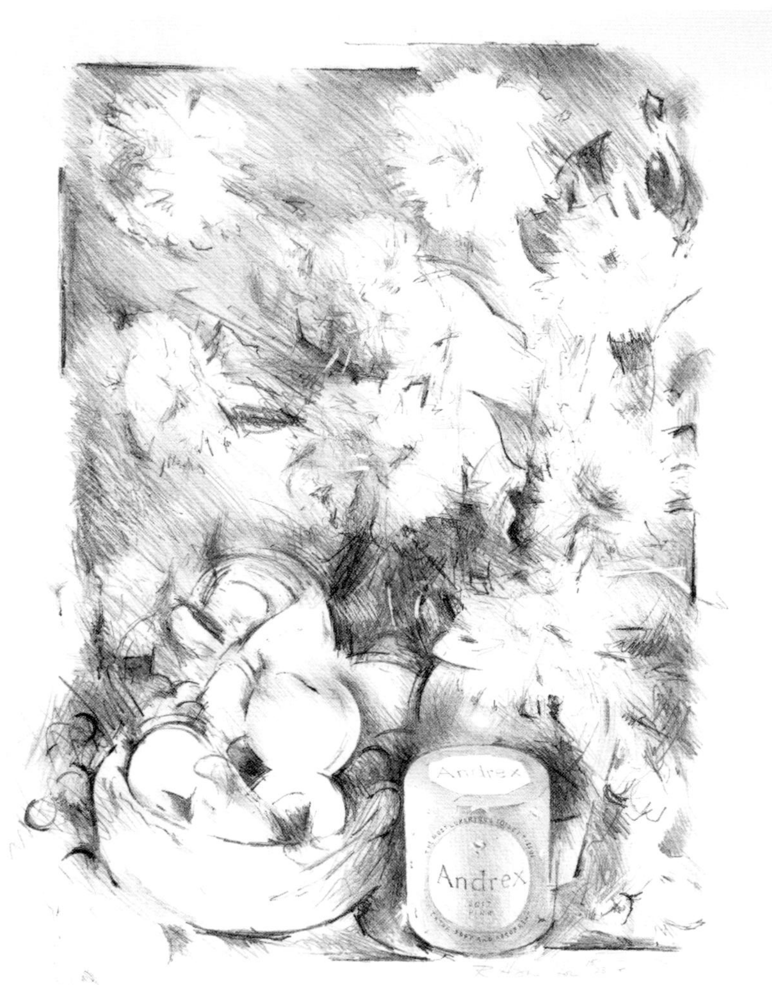

Cyan Separation, 1975

Lámina / Plate 43.

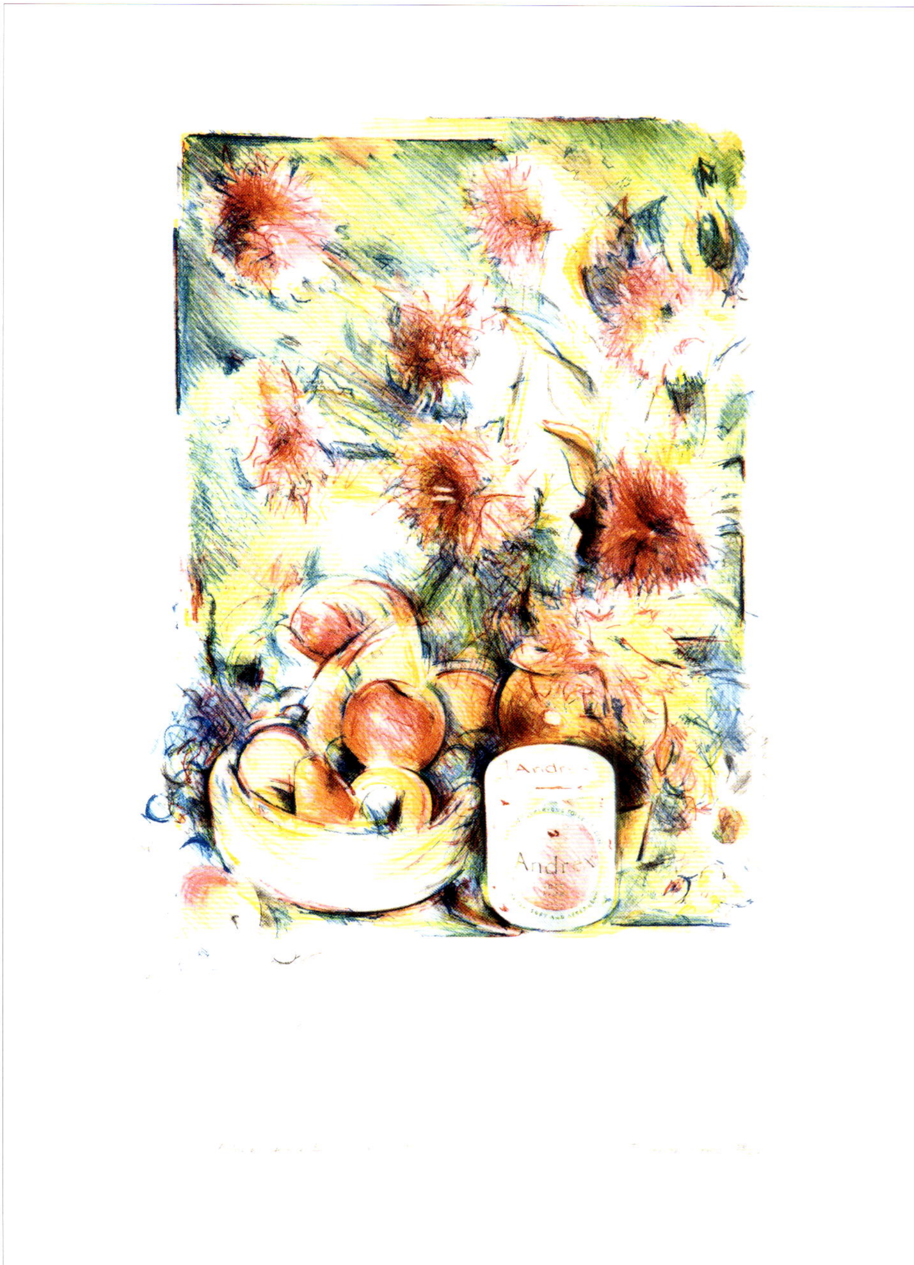

Crayon Study, 1975

Lámina / Plate 44.

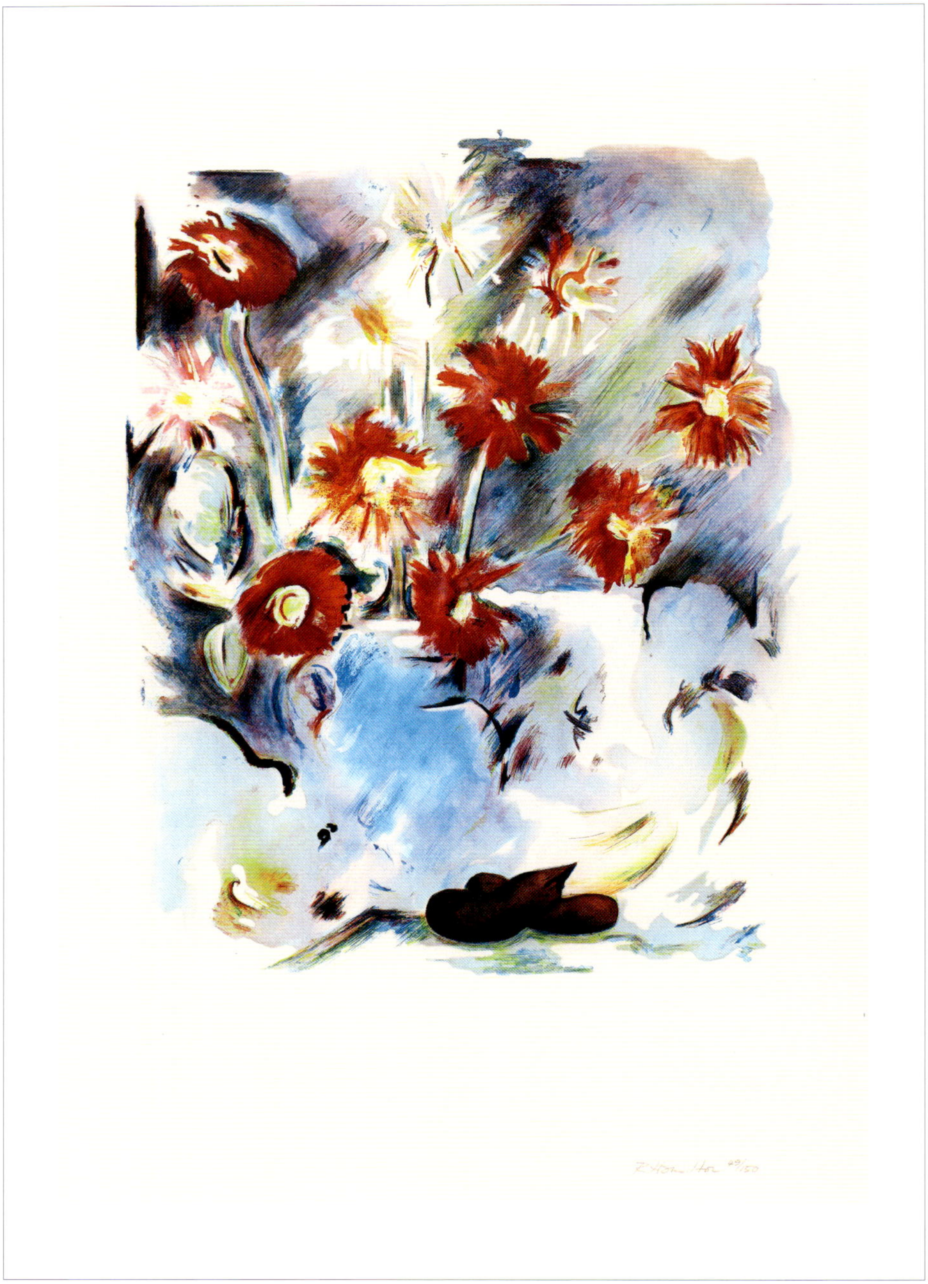

Flower Piece B, 1975

(g)

NOBUYOSHI ARAKI

Láminas / Plates 45-51: *Flower Rondeau*
[Rondó de flor], 1997
Impresiones RP-Pro crystal, copias de 2016
RP-Pro crystal prints, 2016 copies
39,5 x 58,6 cm c. u. / each

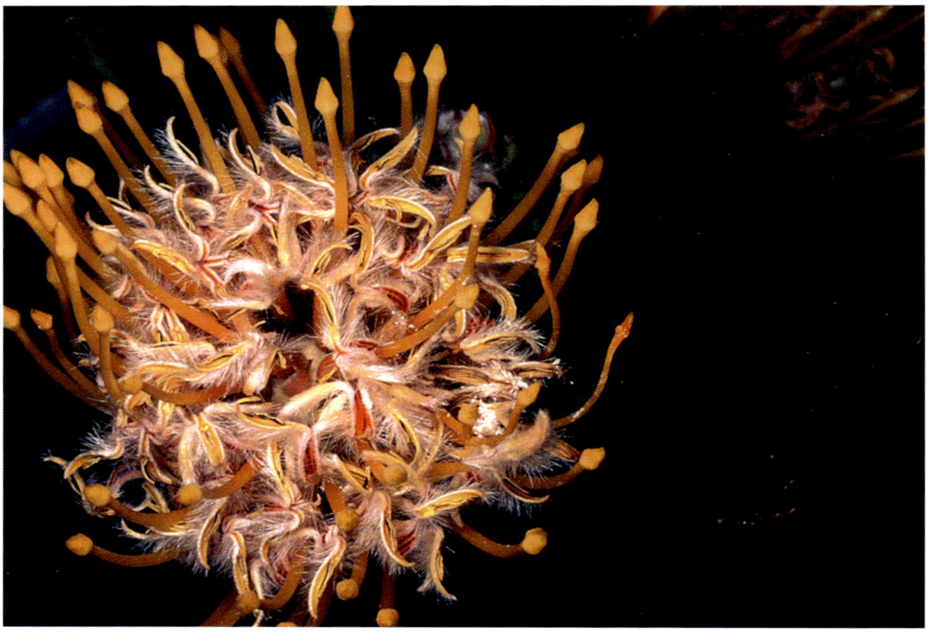

Flower Rondeau, 1997

Lámina / Plate 46.

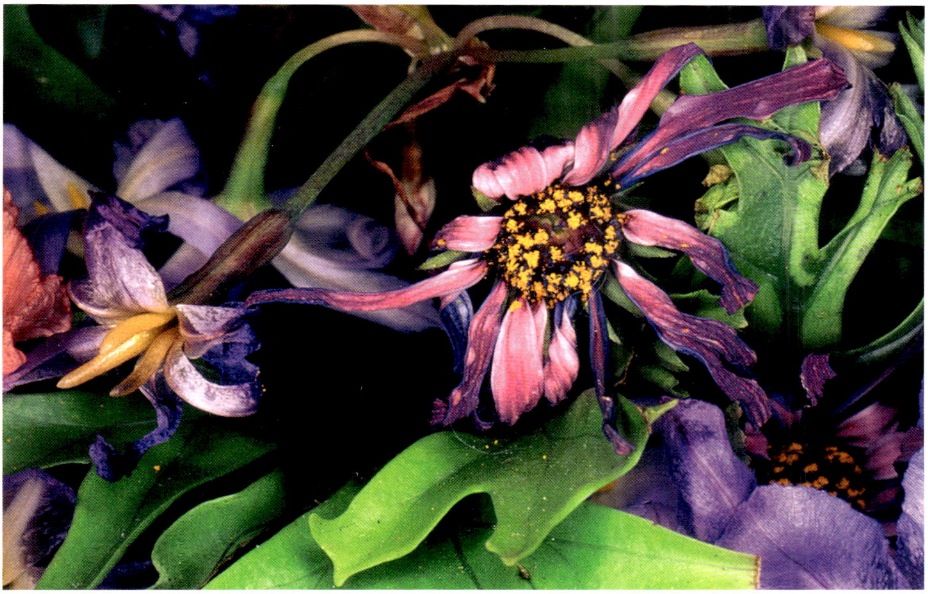

Flower Rondeau, 1997

Lámina / Plate 47.

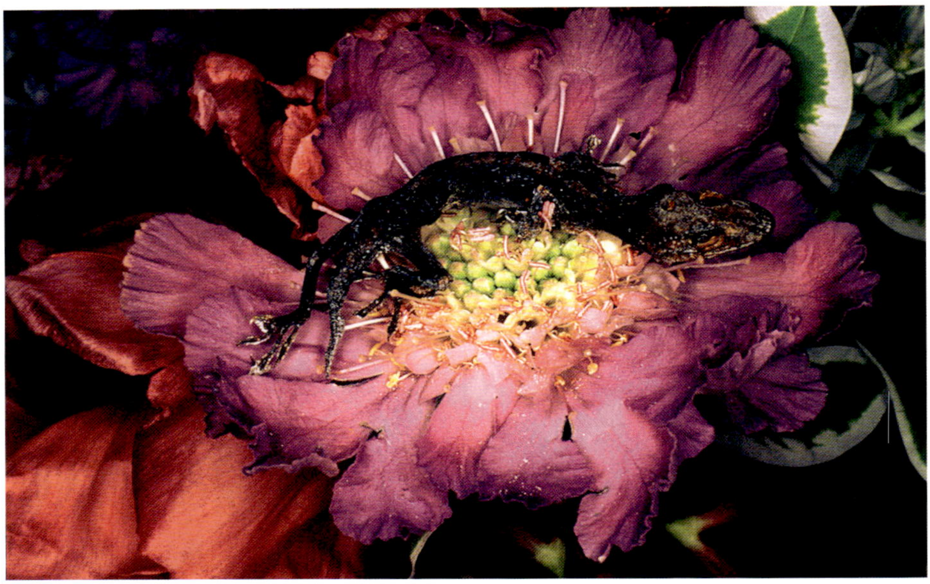

110

Flower Rondeau, 1997

Lámina / Plate 48.

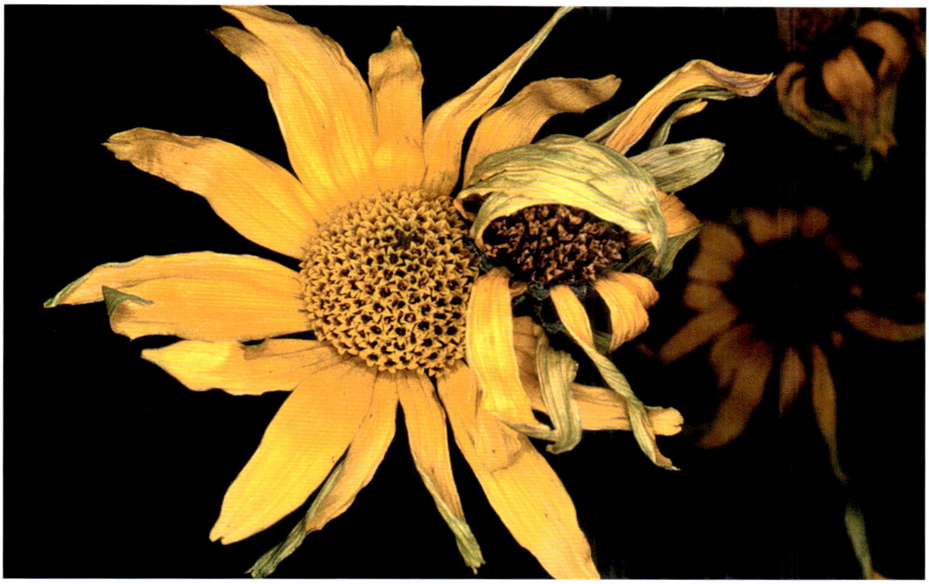

Flower Rondeau, 1997

Lámina / Plate 49.

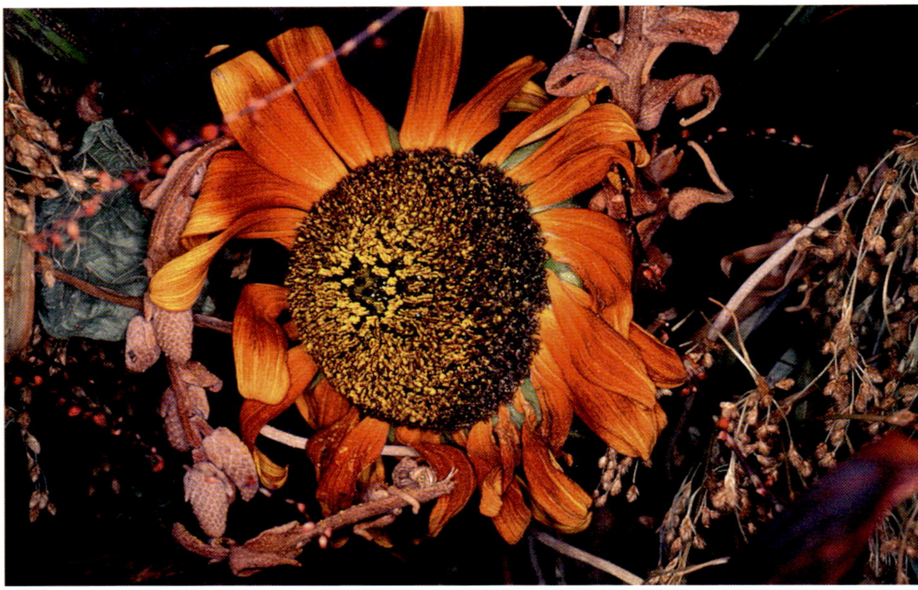

Flower Rondeau, 1997

Lámina / Plate 50.

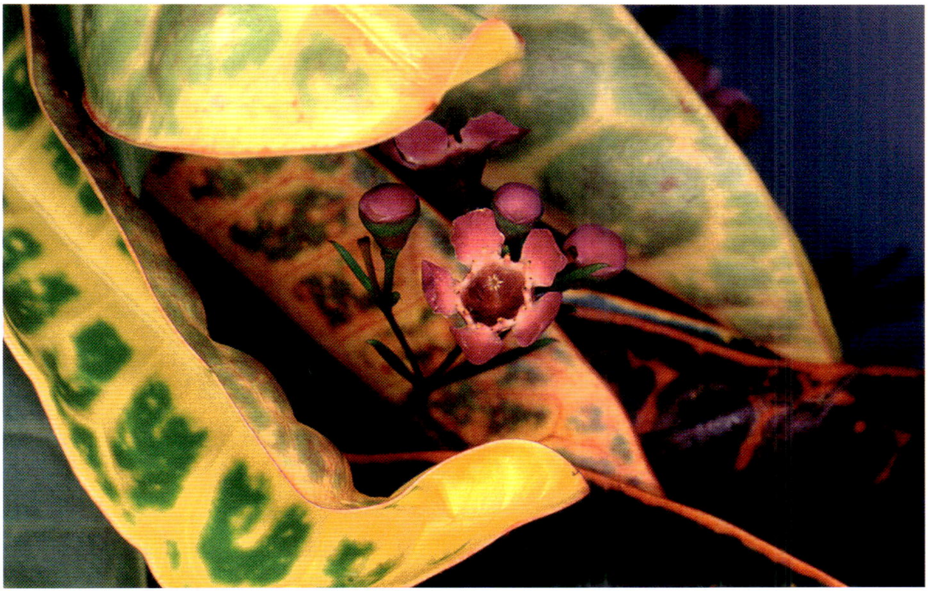

Flower Rondeau, 1997

Lámina / Plate 51.

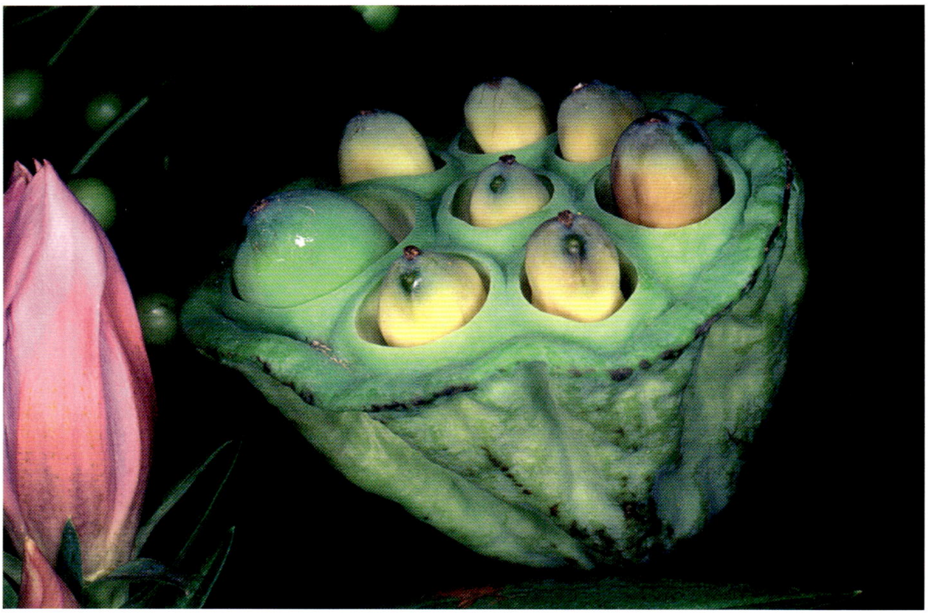

Flower Rondeau, 1997

(h)

HANS-PETER FELDMANN

Láminas / Plates 52-56: *Blumenbild*
[Imagen de flor / Picture of flower]
2006
Impresiones digitales
Digital C-prints
173 x 123 cm c. u. / each

Láminas / Plates 57-60: *Blumenbild*
[Imagen de flor / Picture of flower]
2006
Impresiones digitales
Digital C-prints
123 x 88 cm c. u. / each

Lámina / Plate 52.

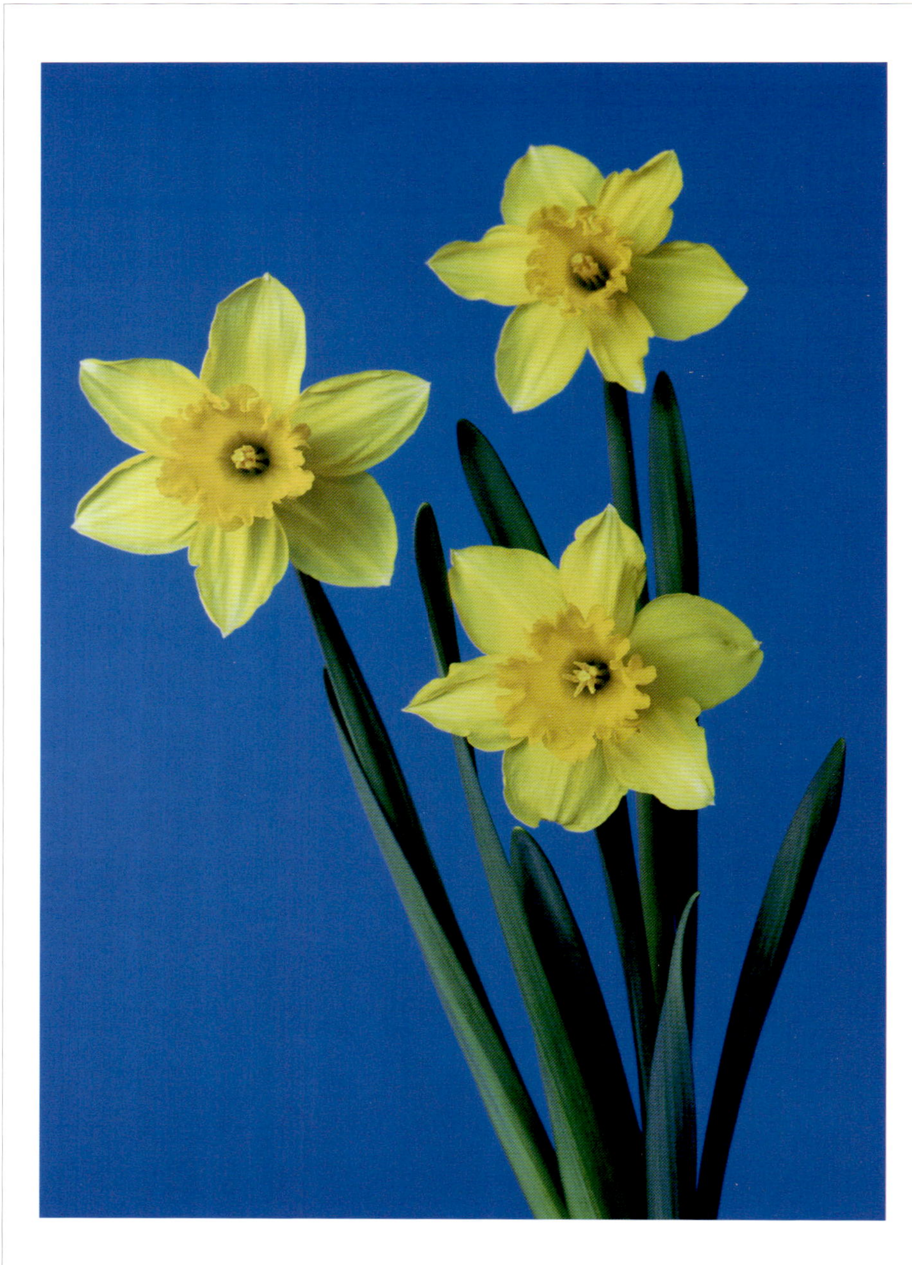

Blumenbild, 2006

Lámina / Plate 53.

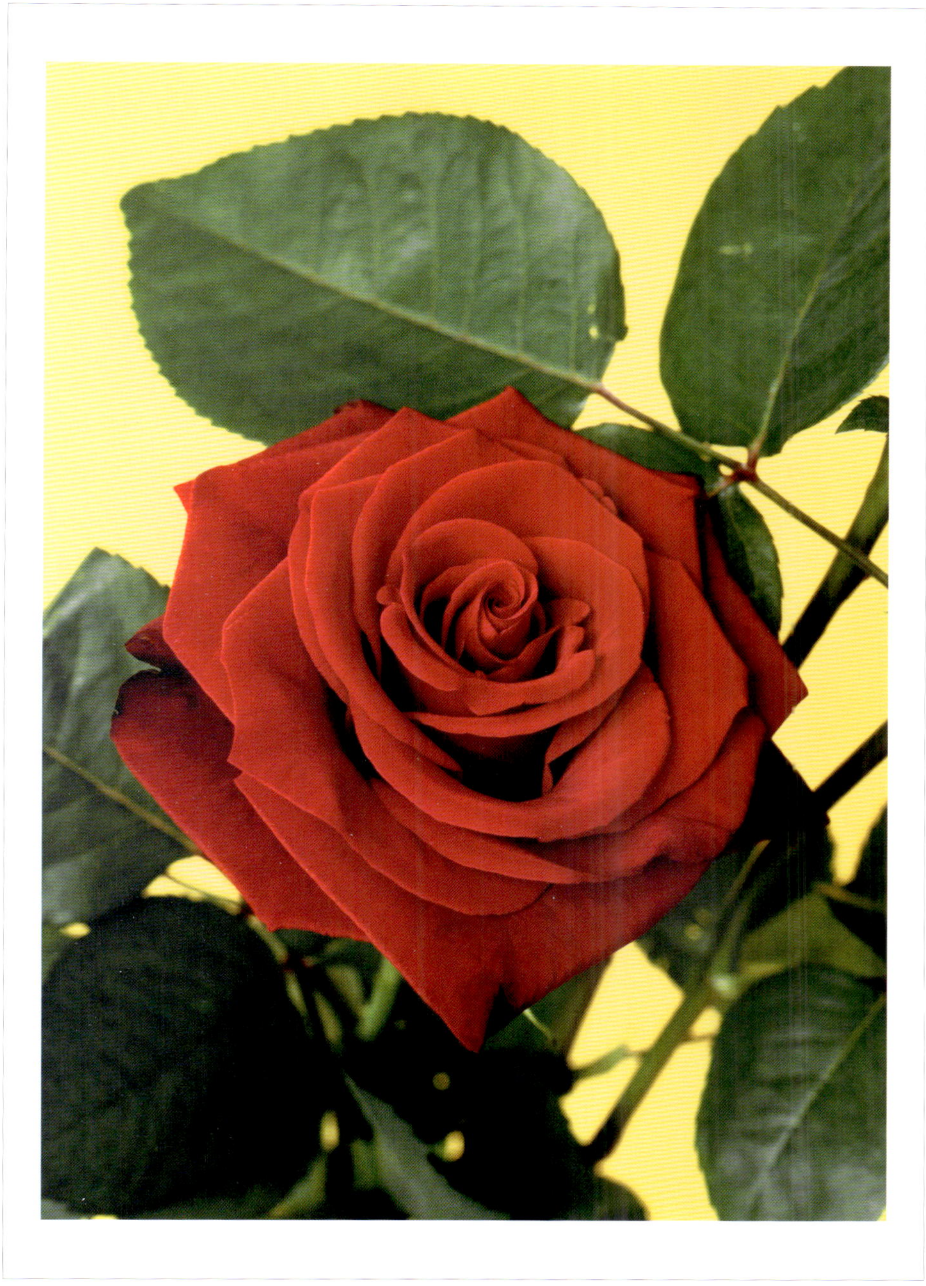

Blumenbild, 2006

Lámina / Plate 54.

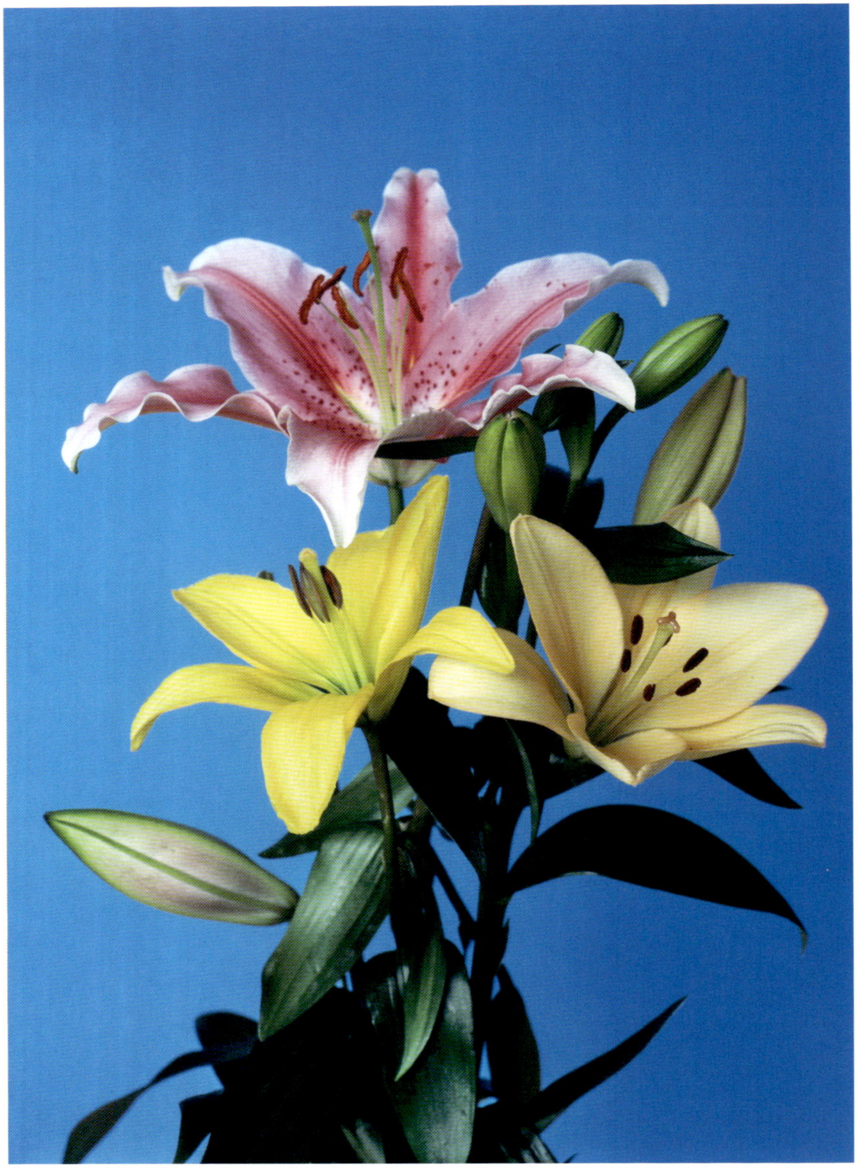

Blumenbild, 2006

Lámina / Plate 55.

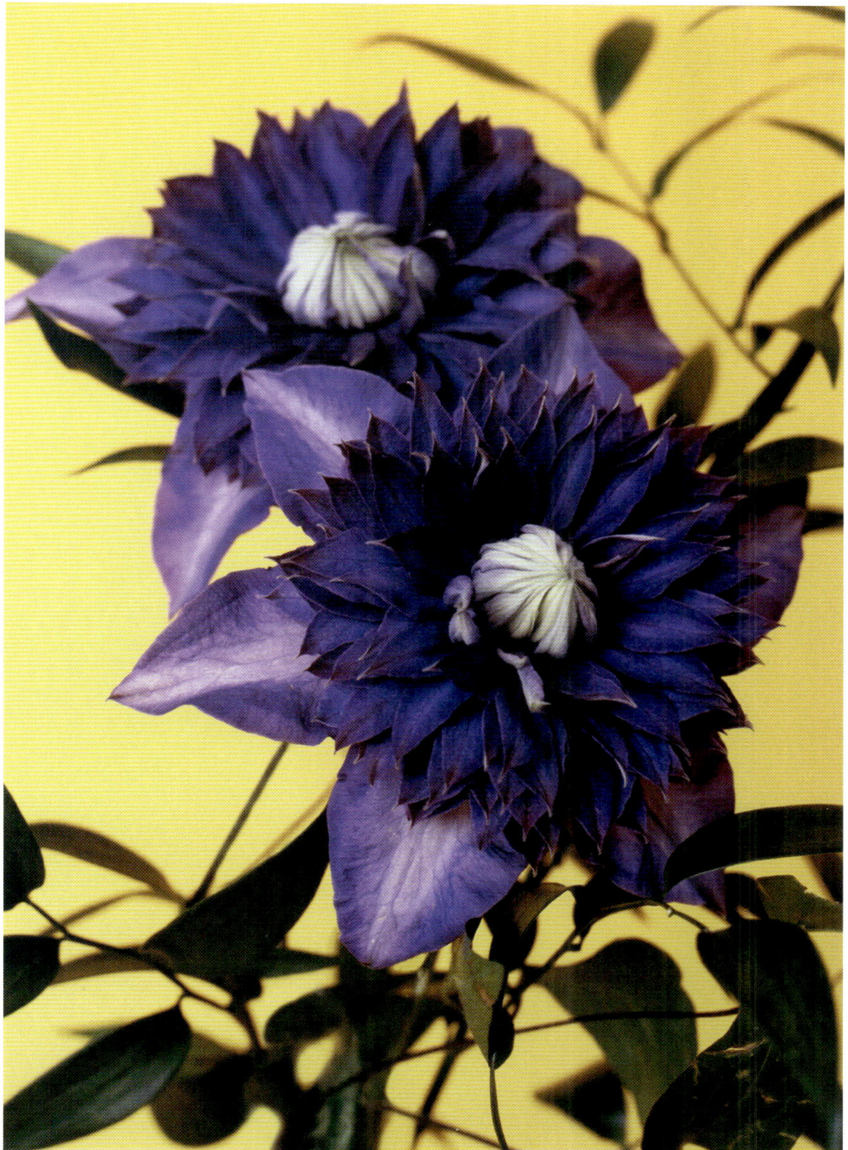

Blumenbild, 2006

Lámina / Plate 56.

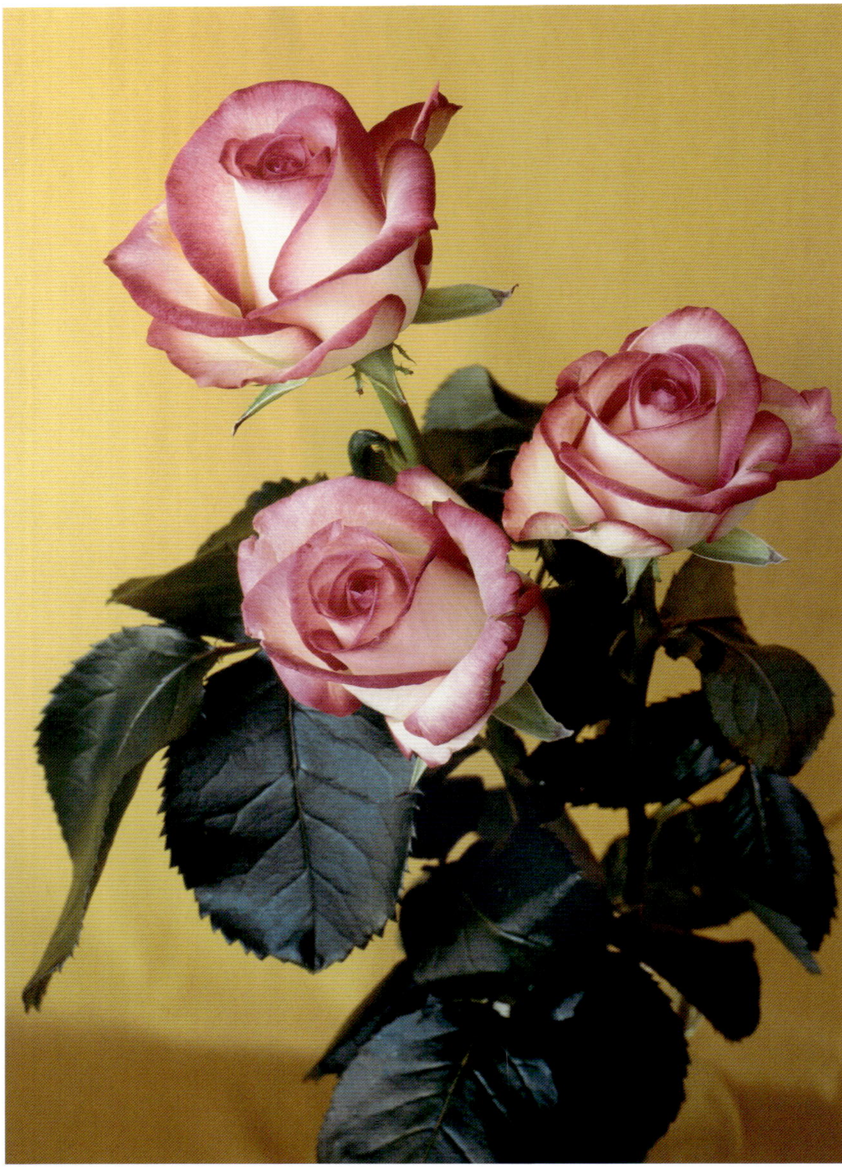

Blumenbild, 2006

Lámina / Plate 57.

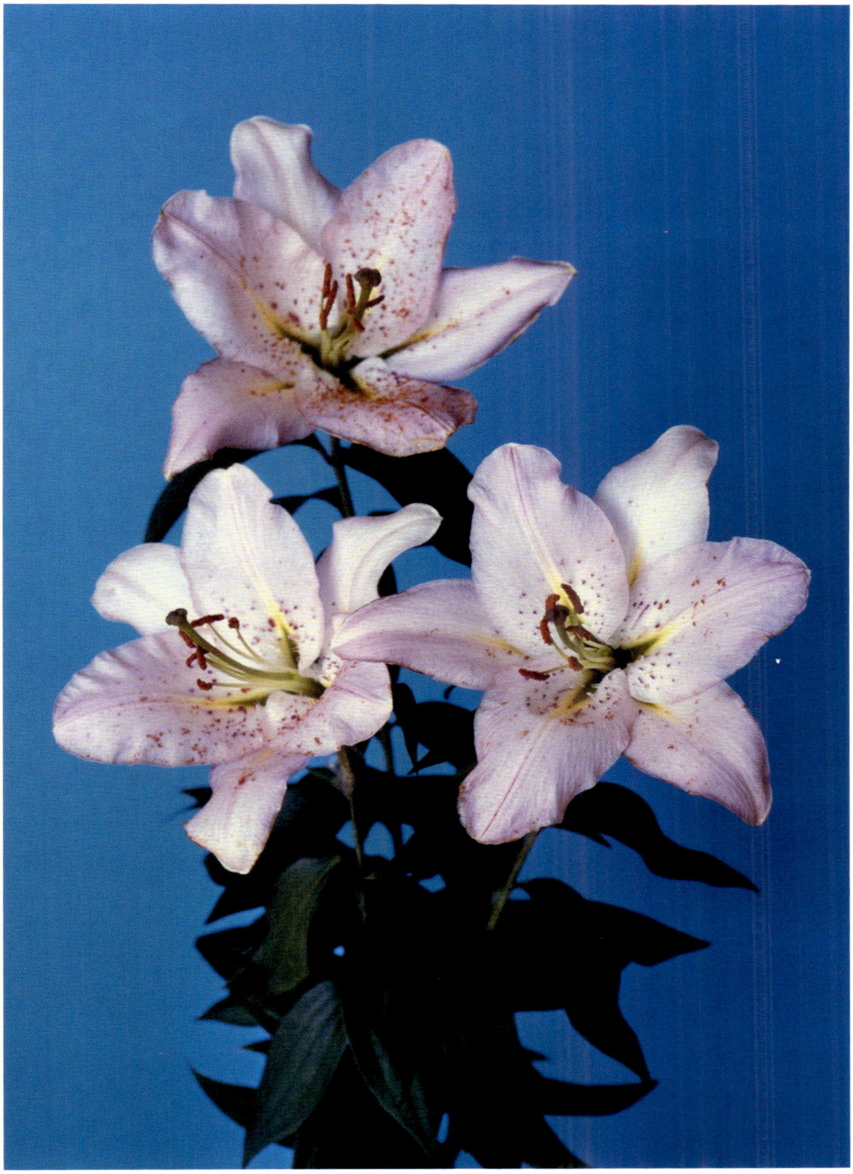

Blumenbild, 2006

Lámina / Plate 58.

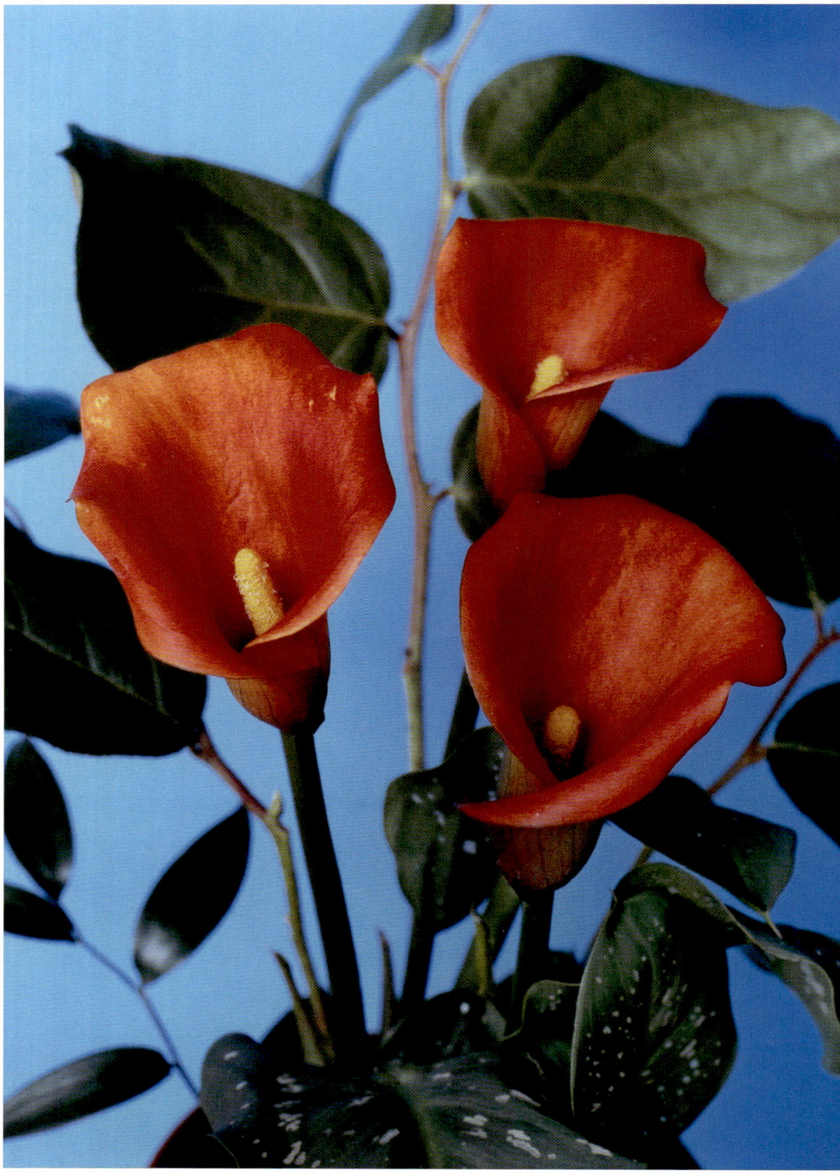

Blumenbild, 2006

Lámina / Plate 59.

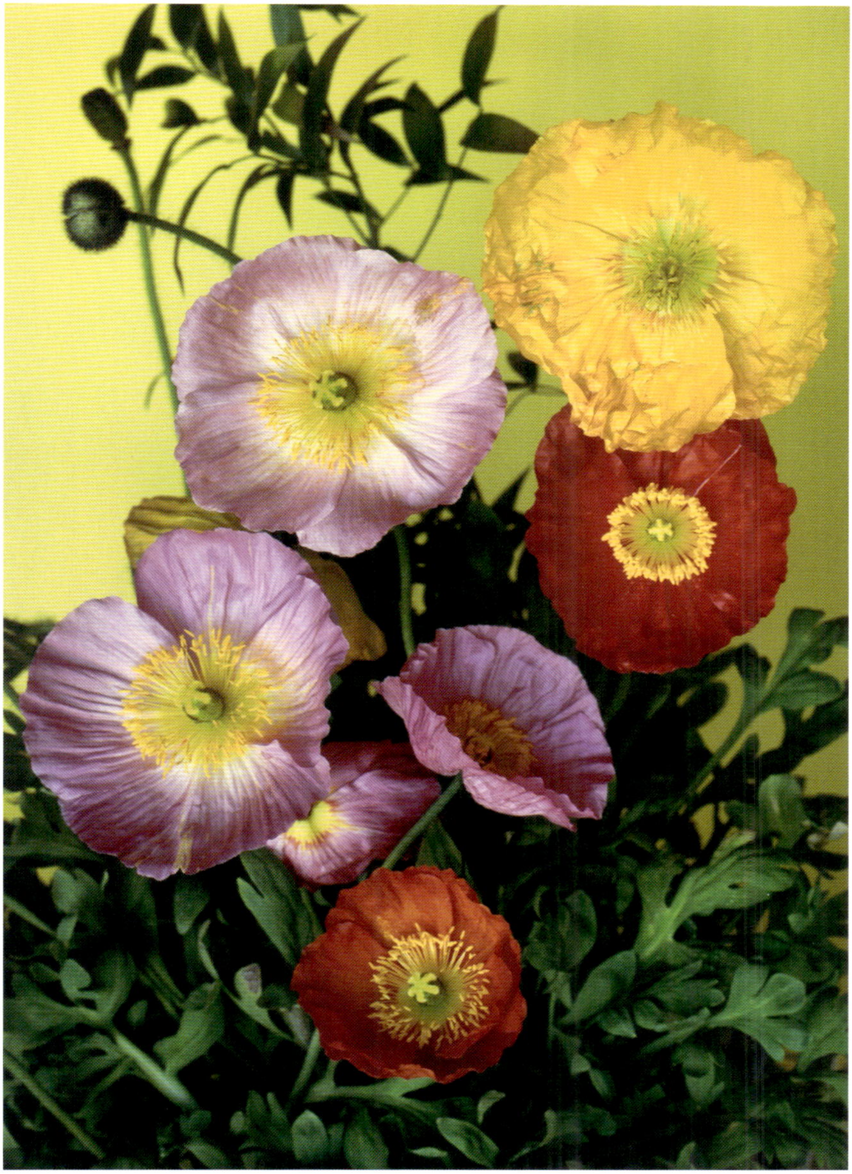

Blumenbild, 2006

Lámina / Plate 60.

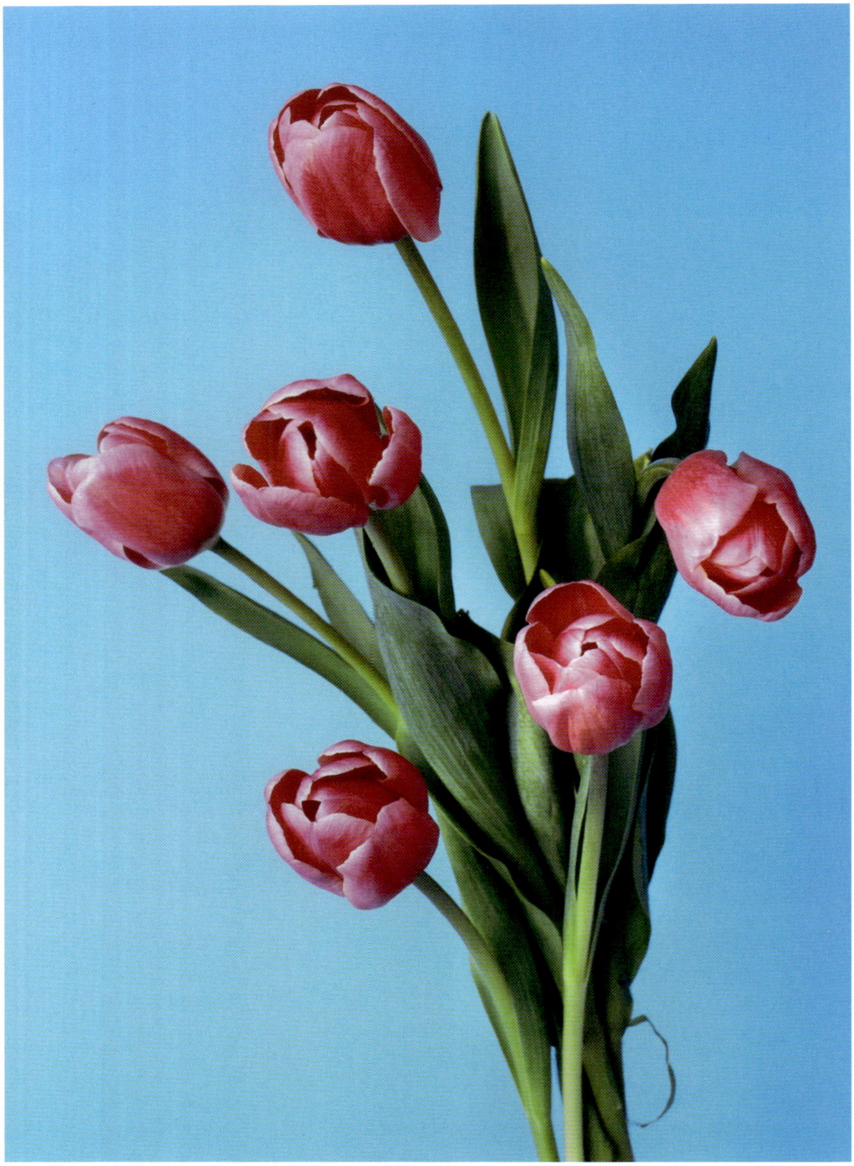

Blumenbild, 2006

Alessandra Spranzi, *Fiori* [Flores / Flowers], 2017-2018

Fiori #1 (Le Aquilegie. Il perfetto amore)
[Flores #1 (Las aquilegias. El amor perfecto) /
Flowers #1 (The Aquilegias. The Perfect Love)]

Fiori #2 (Fioritura di Gazania Splendes)
[Flores #2 (Floración de Gazania Splendens) /
Flowers #2 (The Flowering of Gazania Splendens)]

Fiori #5 (I Cardi Selvatici)
[Flores #5 (Los cardos silvestres) / Flowers #5 (Wild Thistles)]

Fiori #6 (Nascita di un Orchidea)
[Flores #6 (Nacimiento de una orquídea) /
Flowers #6 (Birth of an Orchid)]

Fiori #9 (Piante Originarie)
[Flores #9 (Plantas originarias) / Flowers #9 (Native Plants)]

Fiori #15 (la Bocca di Leone)
[Flores #15 (La boca del diente de león) /
Flowers #15 (The Mouth of the Dandelion)]

Fiori #19 (Papaveri)
[Flores #19 (Amapolas) / Flowers #19 (Poppies)]

Collage

30 x 23 cm c. u. / each

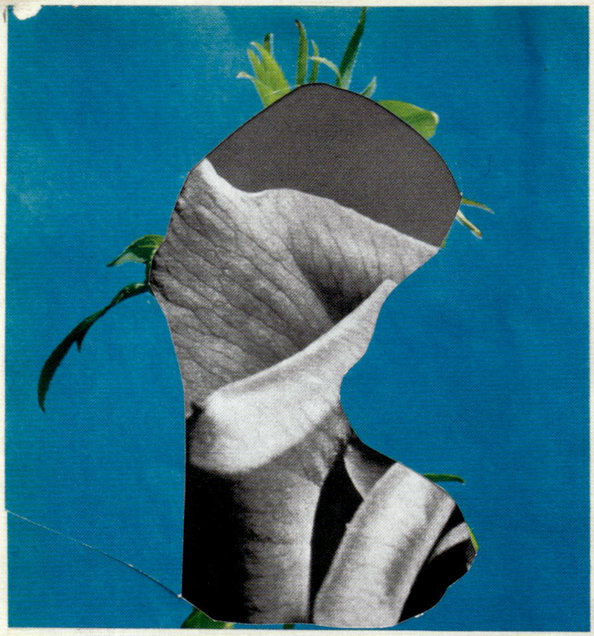

In alto, Helleborus viridis*; in basso,* Aquilegia vulgaris*; nella pagina accanto, ibridi di* Delphinium elatum.

Le aquilegie

Il perfetto amore

Il fiore delle aquilegie, pur permanendo regolare, cioè a simmetria raggiata, ha una singolarità: i cinque sepali di aspetto petaloideo e colorati sono prolungati all'indietro in lunghi speroni entro i quali solo i bombi riescono a trovare il nettare, mentre gli altri imenotteri perforano semplicemente e sbrigativamente la parete. Fra i sepali stanno i cinque petali, alternando con essi, e in mezzo sono gli stami accostati in colonna più o meno sporgente. Il frutto consta di più follicoli.

L'*Aquilegia vulgaris* o perfetto amore è la specie più conosciuta perchè diffusa nei boschi montani submontani e coltivata nei giardini. Pianta perenne con le foglie ternato-composte e le foglioline ovato-cuneate, rotondate all'apice, ha fusto ramoso che porta molti fiori penduli di colore azzurro o violetto chiaro, ma an-

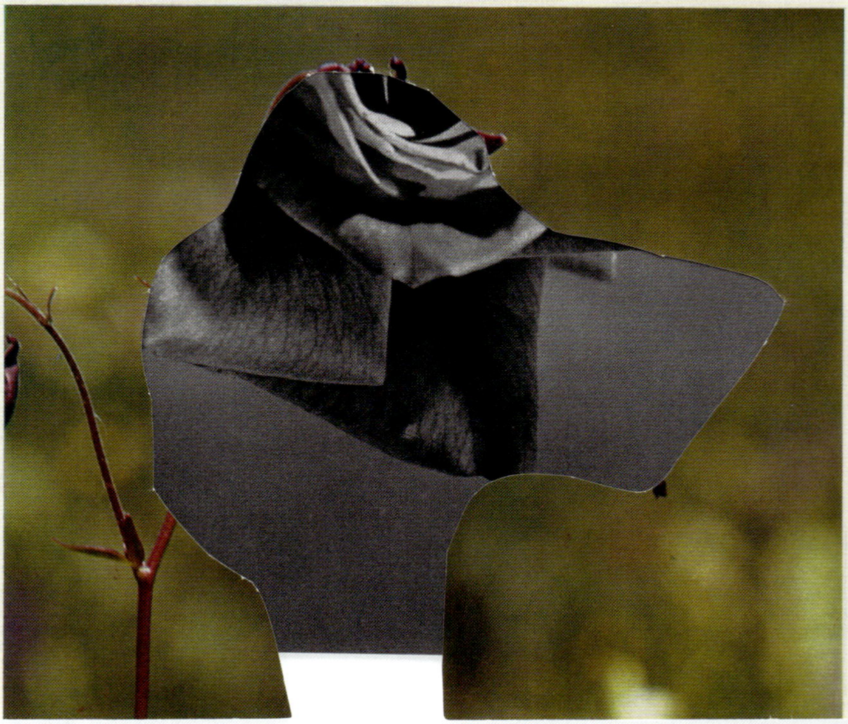

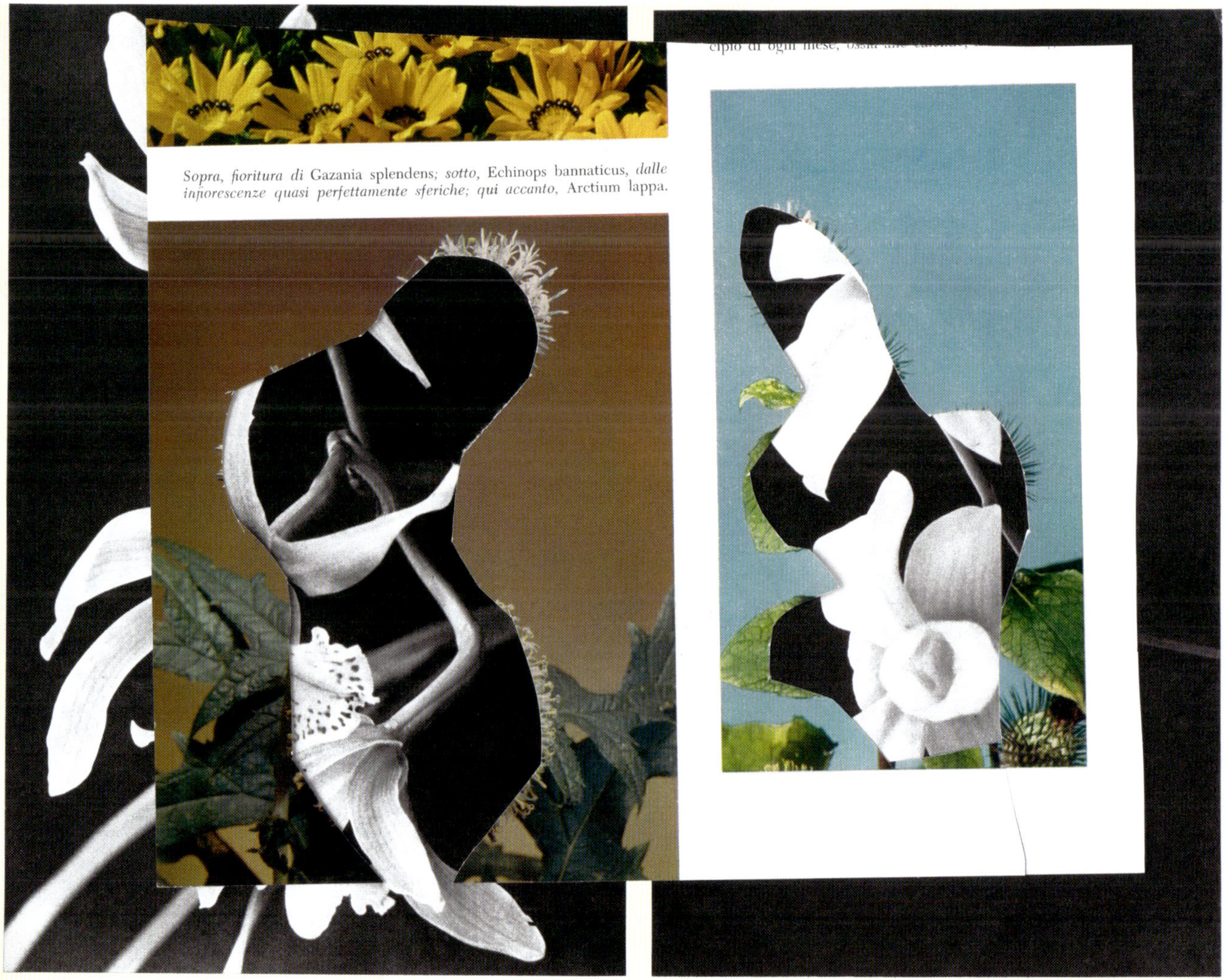
Sopra, fioritura di Gazania splendens; *sotto,* Echinops bannaticus, *dalle*
infiorescenze quasi perfettamente sferiche; qui accanto, Arctium lappa.

troppo invecchiate) da un rivestimento cotonoso bianco, distinguono l'acanzio (*Onopordon acanthium*) detto anche cardo degli asini. Cresce negli incolti, sui ruderi, le macerie, sia da noi, sia in quasi tutta Europa, Asia, ecc. Le basi dei capolini, prima della fioritura, si possono consumare alla guisa dei carciofi.

Il cardo mariano

Le foglie generalmente macchiate di bianco, in particolare lungo le nervature, lasciano facilmente riconoscere un altro dei tanti cardi spontanei, che cresce sulle macerie e ruderi, ai margini delle strade campestri, nell'Italia (dove è più comune nel centro sud), in gran parte d'Europa, Asia, Africa boreale, ecc. È il cardo mariano (*Silybum marianum*) così detto perchè una leggenda medioevale vuole attribuire al latte della Vergine le marmoreggiature bianche delle foglie. I suoi capolini sono grossi, terminali ai fusti (che sono senza ali lungo gli stessi) con fiori rosei porporini. La pianta è robusta e dai trenta o quaranta centimetri può salire fino all'altezza di oltre un metro. Le radici risultano amare, toniche, aperitive, ma di recente si sono riscontrate nel cardo mariano le proprietà di un tonico vascolare, utile nella ipotensione permanente e nei fenomeni che vi si accompagnano. Soprattutto i semi (frutti) sono dotati di tale proprietà e hanno inoltre virtù emostatiche.

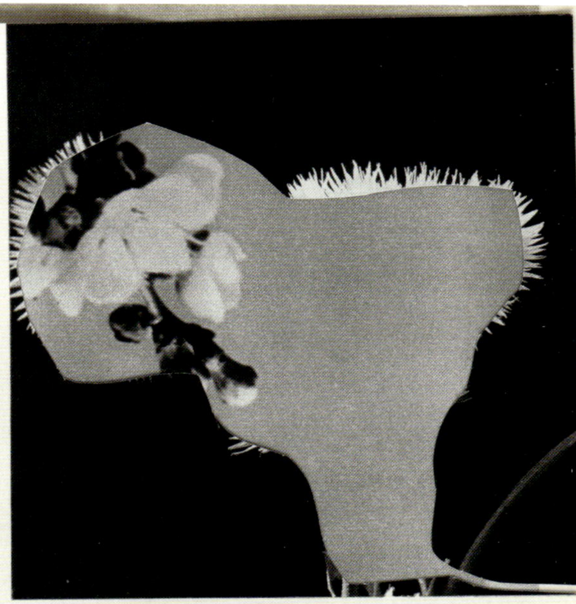

Sopra, centauree coltivate (Centaurea imperialis)*; sotto, cardo rosso* (Carduus nutans), *comunissimo sui cigli delle strade e nei campi aridi.*

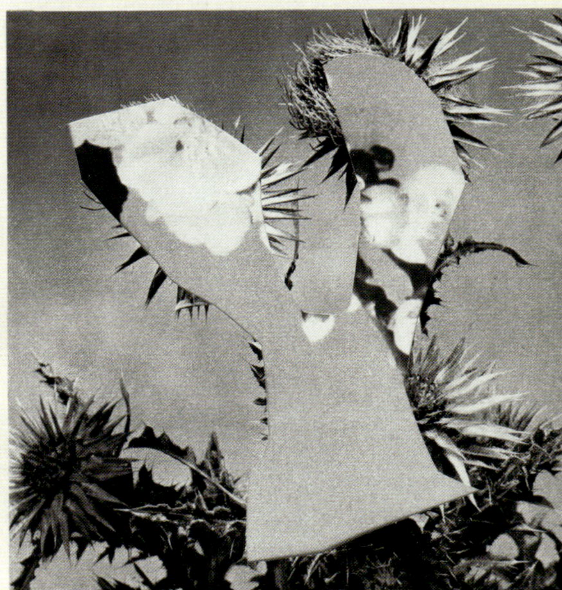

I cardi selvatici

Veramente numerose sono le specie che, senza troppo sottilizzare, siamo portati a chiamare cardi selvatici. La maggior parte appartiene ai generi *Cirsium* e *Carduus*, ma prima di essi ricorderemo la *Lupsia galactites* (o *Galactites tomentosa*), che ha foglie macchiate di bianco come il cardo mariano, ma fusto piuttosto sottile e gracile, spine deboli (ma quelle delle foglie, gialle, assai pungenti) e capolini non molto grandi con fiori d'un bel rosa porporino. Tutta la pianta ha la caratteristica di secernere un latice come le Composte Liguliflore. La sua distribuzione è prevalentemente mediterranea e cresce di preferenza nei luoghi aridi. Questa, e così il cardo mariano, si coltivano talvolta come piante ornamentali.

Entriamo ora in due vasti generi che comprendono numerose piante spinose campestri, che di solito hanno fiori colorati in roseo porporino, più di rado in gialliccio: sono i generi *Carduus* e *Cirsium* che includono, rispettivamente, un'ottantina e quasi centoventi specie, e nella flora italiana una ventina il primo e una trentina il secondo. Ricorderemo le più diffuse. Ovunque si incontra il cardo asinino (da non confondere con l'acanzio) e cioè il *Cirsium lanceolatum* che ha capolini del diametro da due a quattro centimetri. La pianta può arrivare fino a circa un metro e mezzo di altezza; le foglie sono divise al margine in lobi ineguali e spinosi e i bordi della foglia si prolungano lungo i fusti rendendoli alati. Oltre alle spine che si trovano al margine delle foglie e sulle smarginature alari lungo il fusto, altre setole rigide, spinescenti coprono il lato superiore delle foglie. I fiori sono rosei porporini e così quelli dello scardaccione o stoppione (*Cirsium arvense*) e di alcuni altri che citiamo più sotto.

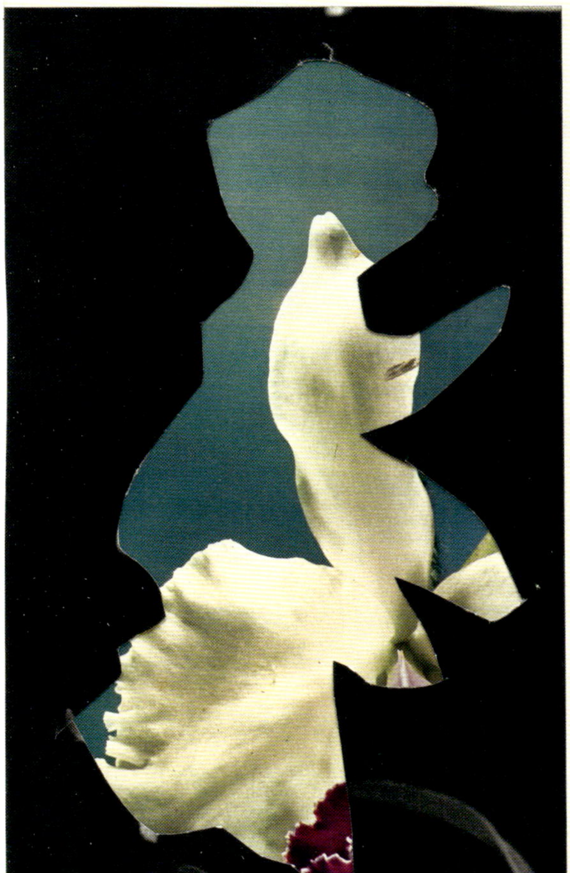

Orchidea leopardo (Ansellia africana), *curiosa specie esotica dai fiori gialli screziati di bruno.*

Ophrys, i pollini si appiccicano, per mezzo dell'apposita appendice vischiosa, al capo degli insetti, che se ne vanno così adorni di un paio di minuscoli cornetti dorati; questi, durante il volo, si disseccano e si contraggono, assumendo così la posizione più adatta per-

chè un insetto entra nel fiore. In altre orchidee ancor (*Masdevallia, Caleana, Catedenia, Bulbophyllum*, ecc. è il labello che ha la parte più importante in questa sorta di schermaglia tra fiore e insetto. Talvolta que st'ultimo rimane imprigionato entro lo sperone ove si introdotto alla ricerca del nettare, e nell'agitarsi in compostamente, nel corso dei suoi sforzi per liberarsi finisce per venire a contatto dei pollini o dello stimma in altri casi esiste addirittura un labello sensibile i quale, appena l'insetto vi si posa, servendosene come d una piattaforma d'atterraggio, scatta, portando l'insett stesso a contatto con il ginandrio.

Non è naturalmente possibile descrivere qui gli infi niti accorgimenti messi in opera dalla natura in quest campo; basteranno tuttavia i pochi esempi che ab biamo citati per dare un'idea della loro molteplicità e soprattutto per far comprendere come le strane for me, i colori vistosi, i profumi intensi, di cui fanno sfog gio le orchidee, non siano privi di significato, ma ab biano invece la loro ragione d'essere con lo scop supremo d'ogni organismo vivente: la conservazion della specie.

Naturalmente, una tale varietà e una così grand complicazione di meccanismi comportano anche una notevole specializzazione: certe specie di insetti, cioè visitano soltanto determinate orchidee; e, viceversa certe specie d'orchidee possono essere impollinate d talune specie d'insetti. È il caso, per esempio, di un delle più importanti orchidee coltivate, la vaniglia, l quale, come vedremo, viene impollinata naturalment dagli insetti soltanto nel suo paese d'origine; e di mol tissime altre specie, cosicchè la pratica dell'impollina zione artificiale, operata dall'uomo, è universalment diffusa tra i coltivatori d'orchidee dei nostri climi, giac chè le orchidee tropicali, che sono poi quelle più usat a scopo ornamentale, difficilmente possono essere im pollinate dai nostri insetti.

Nascita di un'orchidea

Abbiamo già visto che i semi delle orchidee son piccolissimi, sprovvisti di sostanze di riserva, e dota di embrione rudimentale; a differenza di quelli del maggior parte delle altre piante, dunque, non sono grado di assicurare lo sviluppo della piantina nel prime fasi della sua vita, in attesa che le radichette le foglioline siano in grado di funzionare e di assic rare l'ulteriore crescita della pianta. D'altra parte, riproduzione per seme è la sola capace di assicurare disponibilità di un grande numero di piantine, così soddisfare la domanda, spesso assai forte, del merca La moltiplicazione vegetativa, fatta per divisione cespi o piantando gli pseudobulbi, è infatti trop lenta, giacchè non può essere praticata tutti gli an e da ogni cespo originale se ne possono ricavare du tre al massimo, i quali poi, prima di essere nuovamen abbastanza robusti da poter essere divisi, dovran riposarsi per parecchio tempo. I coltivatori di orchid si rivolsero dunque presto alla riproduzione per mez dei semi, come al solo mezzo capace di soddisfare

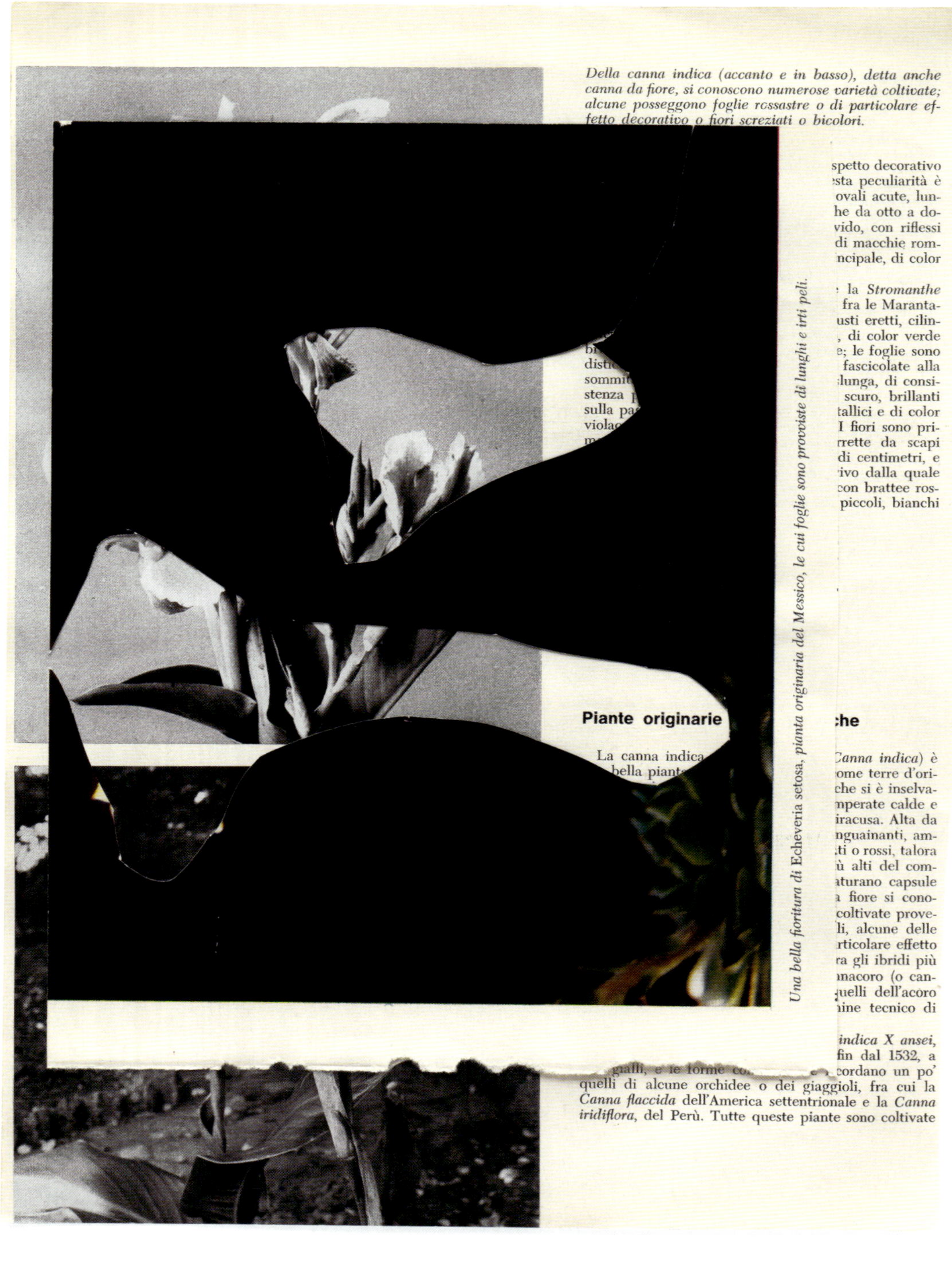
Della canna indica (accanto e in basso), detta anche
canna da fiore, si conoscono numerose varietà coltivate;
alcune posseggono foglie rossastre o di particolare ef-
fetto decorativo o fiori screziati o bicolori.
spetto decorativo
sta peculiarità è
ovali acute, lun-
he da otto a do-
vido, con riflessi
di macchie rom-
ncipale, di color
la Stromanthe
fra le Maranta-
usti eretti, cilin-
, di color verde
e; le foglie sono
fascicolate alla
lunga, di consi-
scuro, brillanti
tallici e di color
I fiori sono pri-
rrette da scapi
di centimetri, e
ivo dalla quale
con brattee ros-
piccoli, bianchi
Una bella fioritura di Echeveria setosa, pianta originaria del Messico, le cui foglie sono provviste di lunghi e irti peli.
Piante originarie
che
La canna indica
bella piante
Canna indica) è
ome terre d'ori-
che si è inselva-
nperate calde e
iracusa. Alta da
nguainanti, am-
ti o rossi, talora
ù alti del com-
aturano capsule
a fiore si cono-
coltivate prove-
li, alcune delle
rticolare effetto
ra gli ibridi più
nacoro (o can-
quelli dell'acoro
nine tecnico di
indica X ansei,
fin dal 1532, a
cordano un po'
quelli di alcune orchidee o dei giaggioli, fra cui la
Canna flaccida dell'America settentrionale e la Canna
iridiflora, del Perù. Tutte queste piante sono coltivate

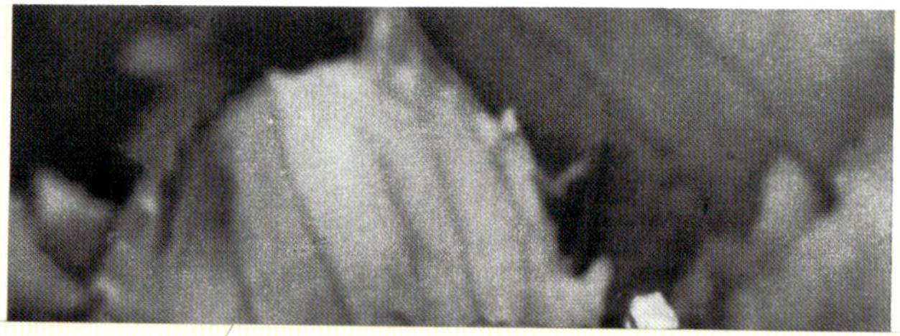

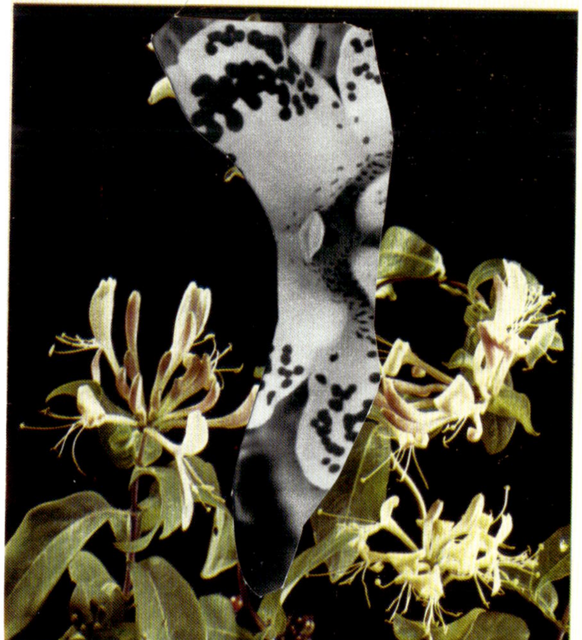

Sopra, *fiori e frutti di periclimeno* (Lonicera periclymenum); *sotto, lantana.*

La ramificazione dicotoma è propria anche della *Fedia cornucopiae*, dell'estremo sud e isole, specie che presenta invece fiori rossi.

Del tutto inconfondibile il centranto o savonina (*Centranthus ruber*); le foglie sono opposte, carnosette, intere e i fiori sono in corimbo, rossi o bianchi, molto irregolari, con un solo stame e un lungo sperone acuto, disposti in corimbo. Cresce preferibilmente sulle muraglie un po' dappertutto, sebbene non sempre si possa dire se spontaneo o sfuggito dai giardini. Il *Centranthus angustifolius* ha foglie molto strette e il *Centranthus calcitràpa*, annuale, con foglie profondamente incise, è dell'Italia centromeridionale e isole.

Le Adoxacee

Famiglia piccolissima che più piccola non potrebbe essere perchè costituita da un solo genere con una sola specie, l'erba fumaria (*Adoxa moschatellina*). Il nome di adoxa, che significa senza fama, sarebbe dovuto a una lite sorta al suo proposito fra Linneo e i suoi avversari scientifici, oppure alla mancanza riconosciuta di virtù medicinali. Certo fa piacere imbattersi una volta tanto in una pianta che non sia stomachica, diuretica o depurativa. Ciononostante l'adoxa è una graziosa piantina dei boschi freschi montani delle Alpi e dell'Appennino centrale; ma la si trova anche in piano lungo i fiumi.

È pianta perenne con una o poche foglie basali una o due volte ternate, fusticino di uno o due centimetri munito di due piccole foglie e capolino terminale di pochissimi fiori verdicci profumati di muschio, di cui il terminale ha quattro lobi e quattro stami e gli altri cinque lobi e cinque stami; ma ogni stame è diviso in due sì che sembrano in numero doppio. Inde irae!

è lunga da due a quasi tre centimetri e possiede, posteriormente, uno sperone lungo e conico. Il colore di questi fiori varia dal giallo chiaro al giallo dorato e vi si nota inoltre una macchia di color arancione presso la fauce, la quale, come pure nella bocca di leone, di cui diremo appresso, ha una strana forma che ricorda, in un certo senso, la bocca di un animale. Il frutto è una piccola capsula ovoidale e i semi sono appiattiti e alati.

La cimbalaria (*Linaria cymbalaria*) è una graziosa pianta erbacea perenne che vive sui vecchi muri e sulle rocce, ove si diffonde molto facilmente. Possiede un esile fusto filiforme, strisciante o pendulo, ramificato, con foglie rotondato cordate, lobate, a cinque punte, che ricordano lontanamente quelle dell'edera, pur es-

Alcune altre specie di *Linaria* si riscontrano spontanee in Italia. Ci limitiamo a ricordare la piccola *Linaria alpina*, a fiori violacei.

La bocca di leone

I fiori che tutti conosciamo, per la loro strana forma, col nome di bocche di leone, rispondono alla specie *Antirrhinum majus*. Questa è una pianta erbacea perenne, a fusto eretto, alto da trenta a sessanta centimetri, poco ramoso, che porta foglie lanceolate, acute. I fiori, vistosi per grossezza e colore, sono riuniti in inflo-

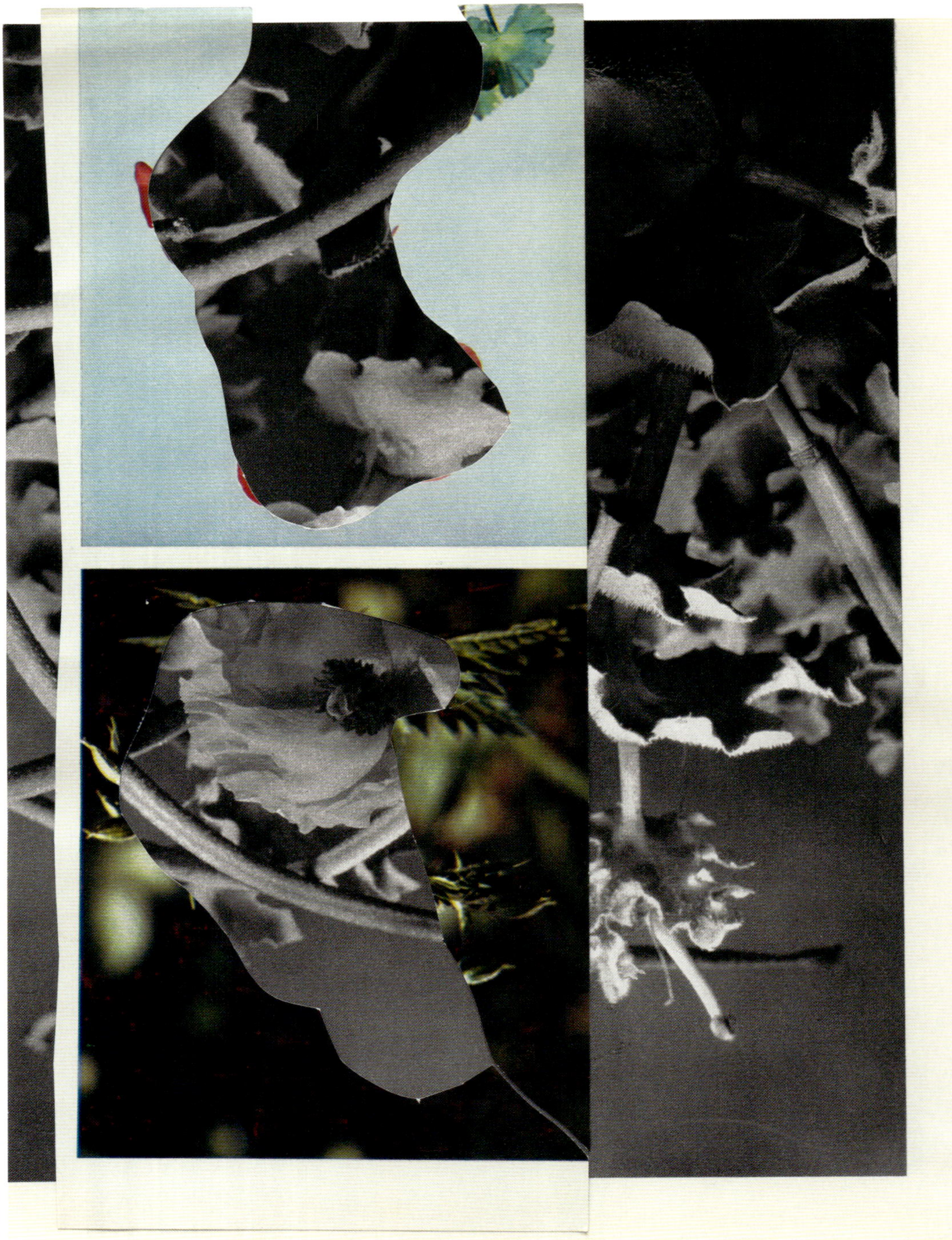

(i)

MATHIEU MERCIER

Lámina / Plate 61: *Untitled (Pantone 27.7 M)*
[Sin título (Pantone 27.7 M)], 2013
Impresión digital
Digital print
156 x 110 cm

Lámina / Plate 62: *Untitled (Pantone 41 M-22 M)*
[Sin título (Pantone 41 M-22 M)], 2013
Impresión digital
Digital print
156 x 110 cm

Lámina / Plate 63: *Untitled (Pantone 71.3 M-15 M)*
[Sin título (Pantone 71.3 M-15 M)], 2013
Impresión digital
Digital print
156 x 110 cm

Lámina / Plate 61.

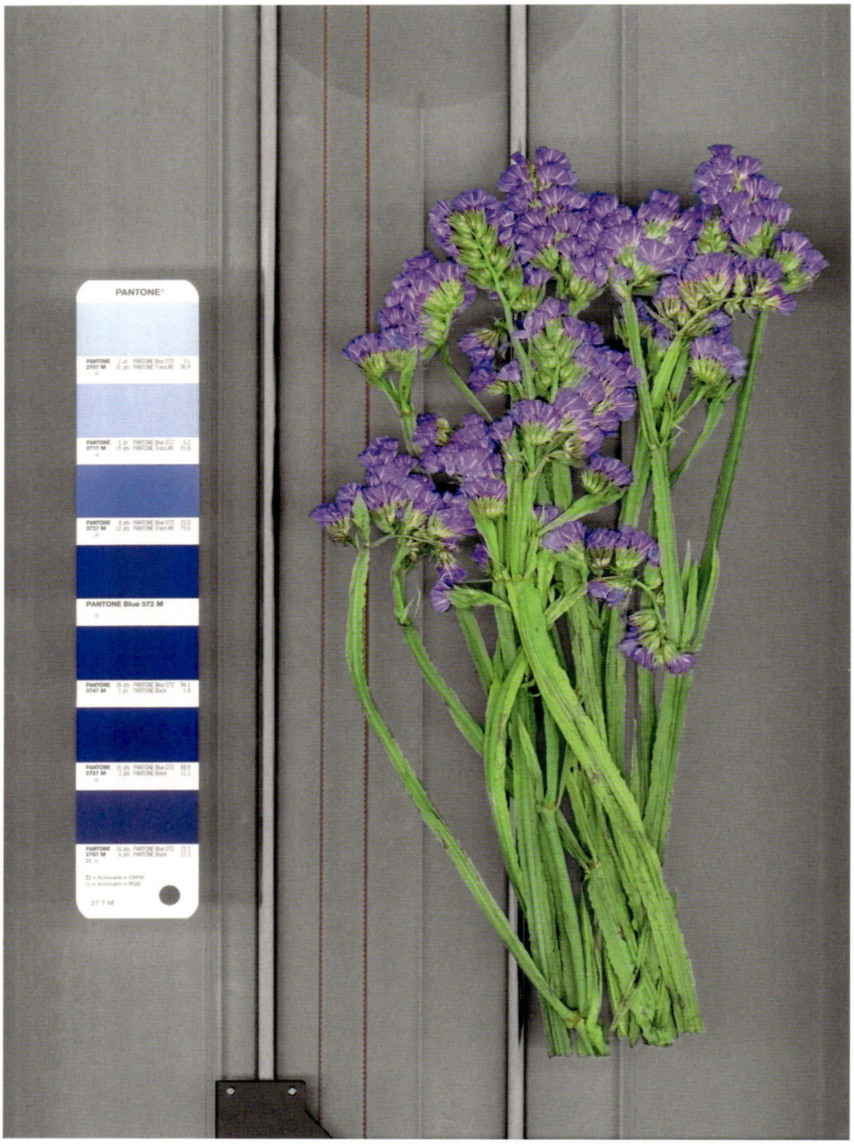

Untitled (Pantone 27.7 M), 2013

Lámina / Plate 62.

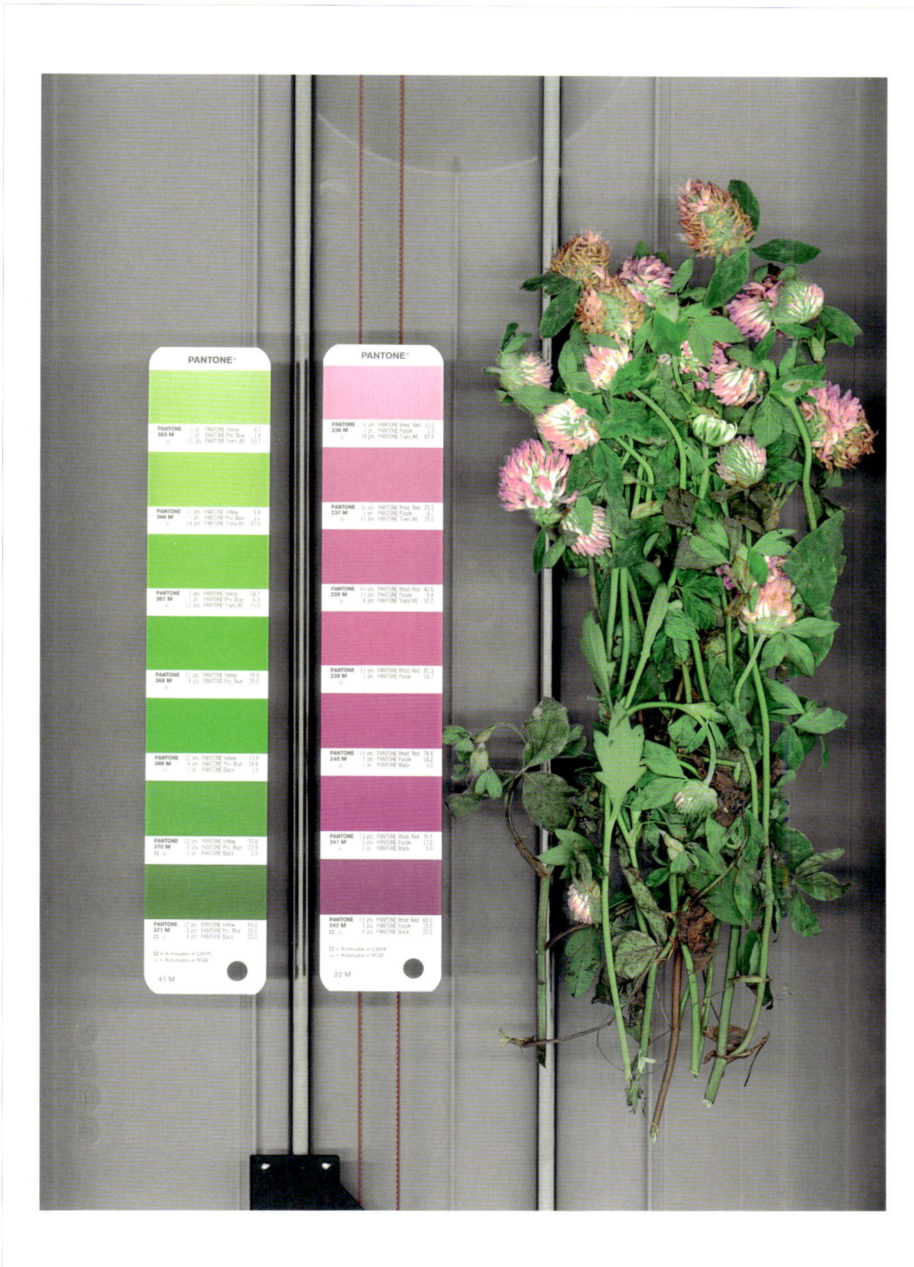

Untitled (Pantone 41 M-22 M), 2013

Lámina / Plate 63.

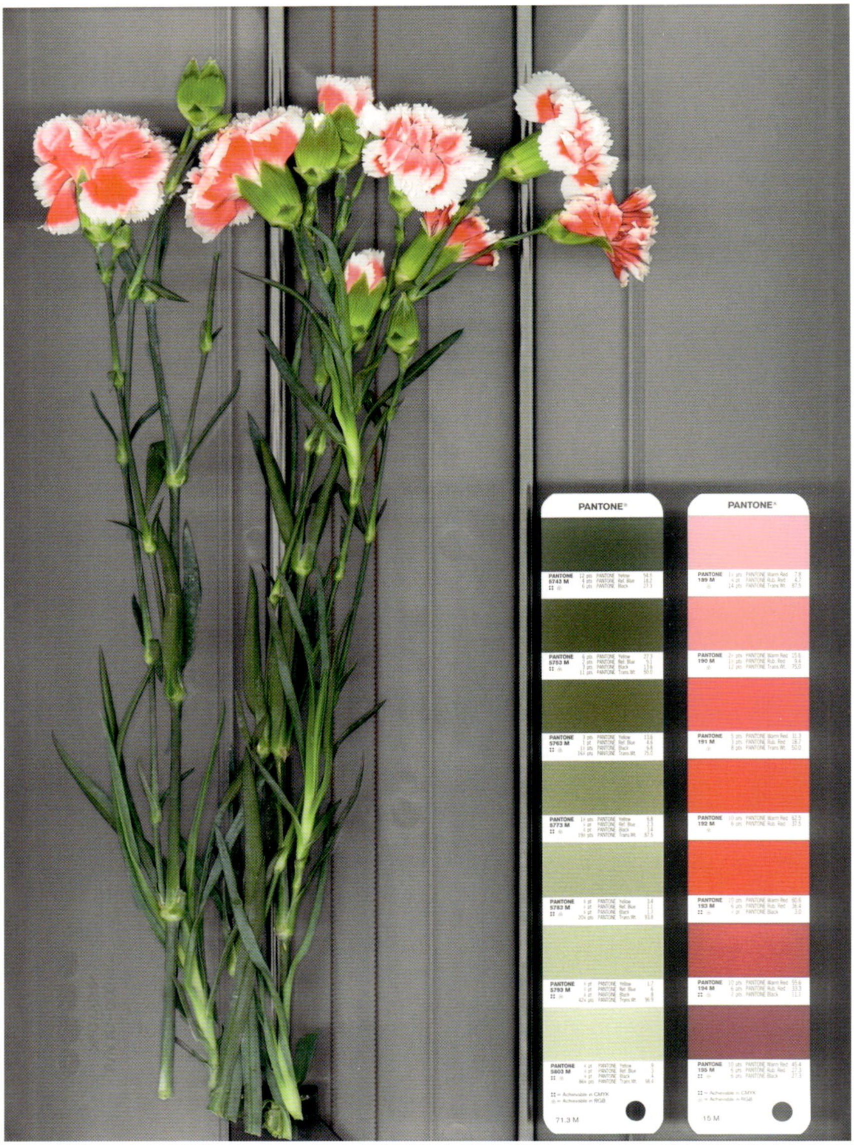

Untitled (Pantone 71.3 M-15 M), 2013

Jochen Lempert, *Botanical Box* [Caja botánica], 2009-2019

Tränendes Herz [Lamprocapnos / Tearing Heart]
Wasserfeder [Violeta de agua / Water Violet]
Sin título / Untitled (Botticelli V)
Sin título / Untitled (Schmetterlingshafte) [Libelloides / Owlflies]
Blatt [Hoja / Leaf]
Zur Photosynthese [Fotosíntesis / On Photosynthesis]
Sin título / Untitled (Botticelli IV)
Sin título / Untitled (Profil) [Perfil / rofile]
Sin título / Untitled (Kelp Forest) [Bosque de quelpos]
Arp [Romero]
Salomonssiegel [Sello de Salomón / Salomon's Seal]
Ranke [Zarcillos / Tendril]
Gleichenia
Sin título / Untitled (Venus Gondola)

Fotografías a las sales de plata

Gelatin silver prints

Dimensiones variables

Variable dimensions

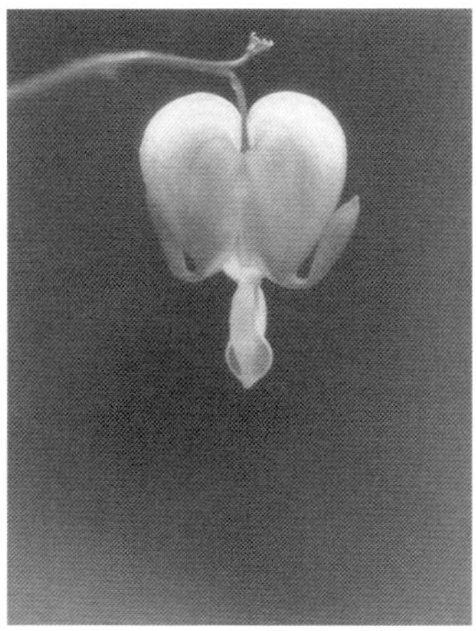

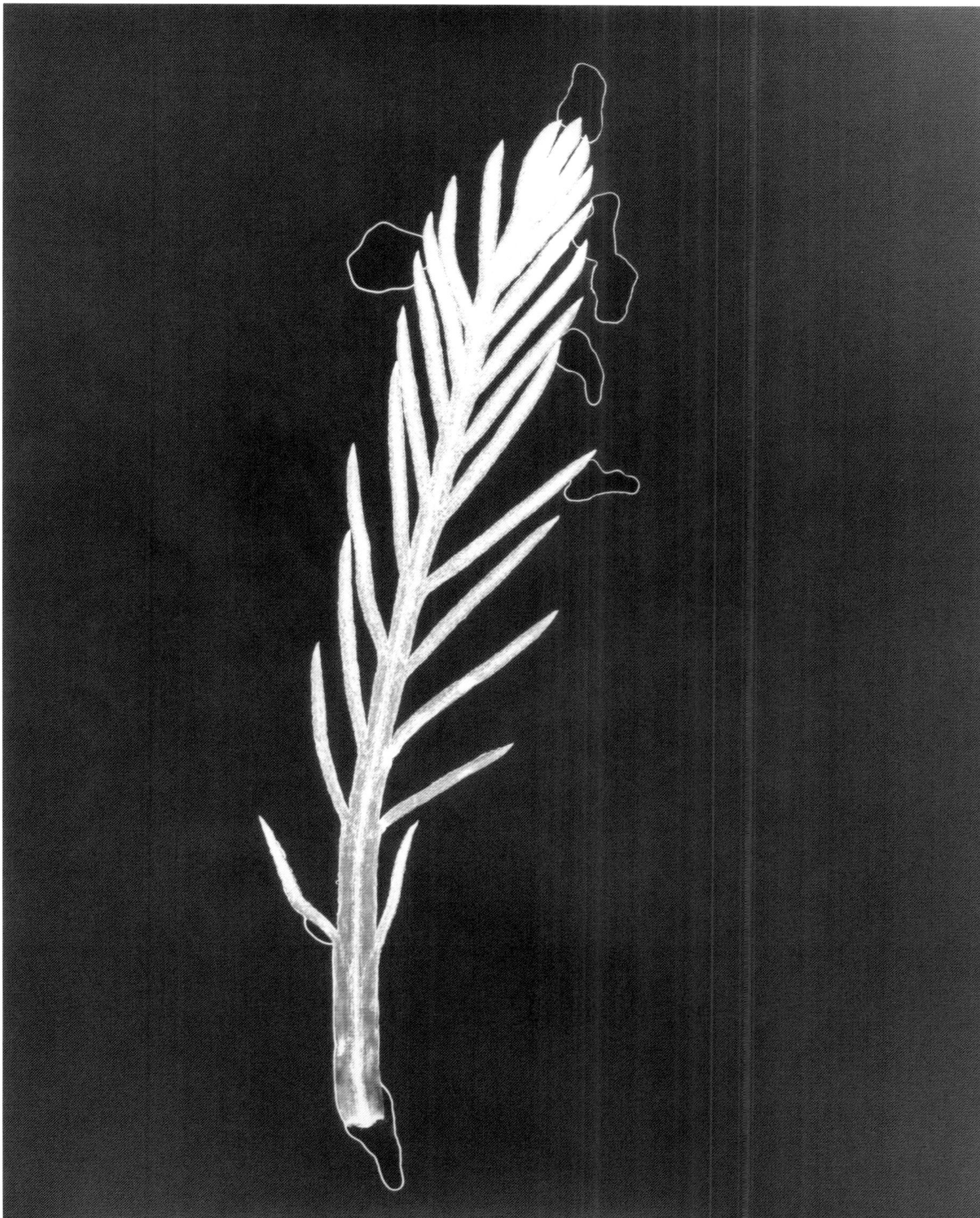

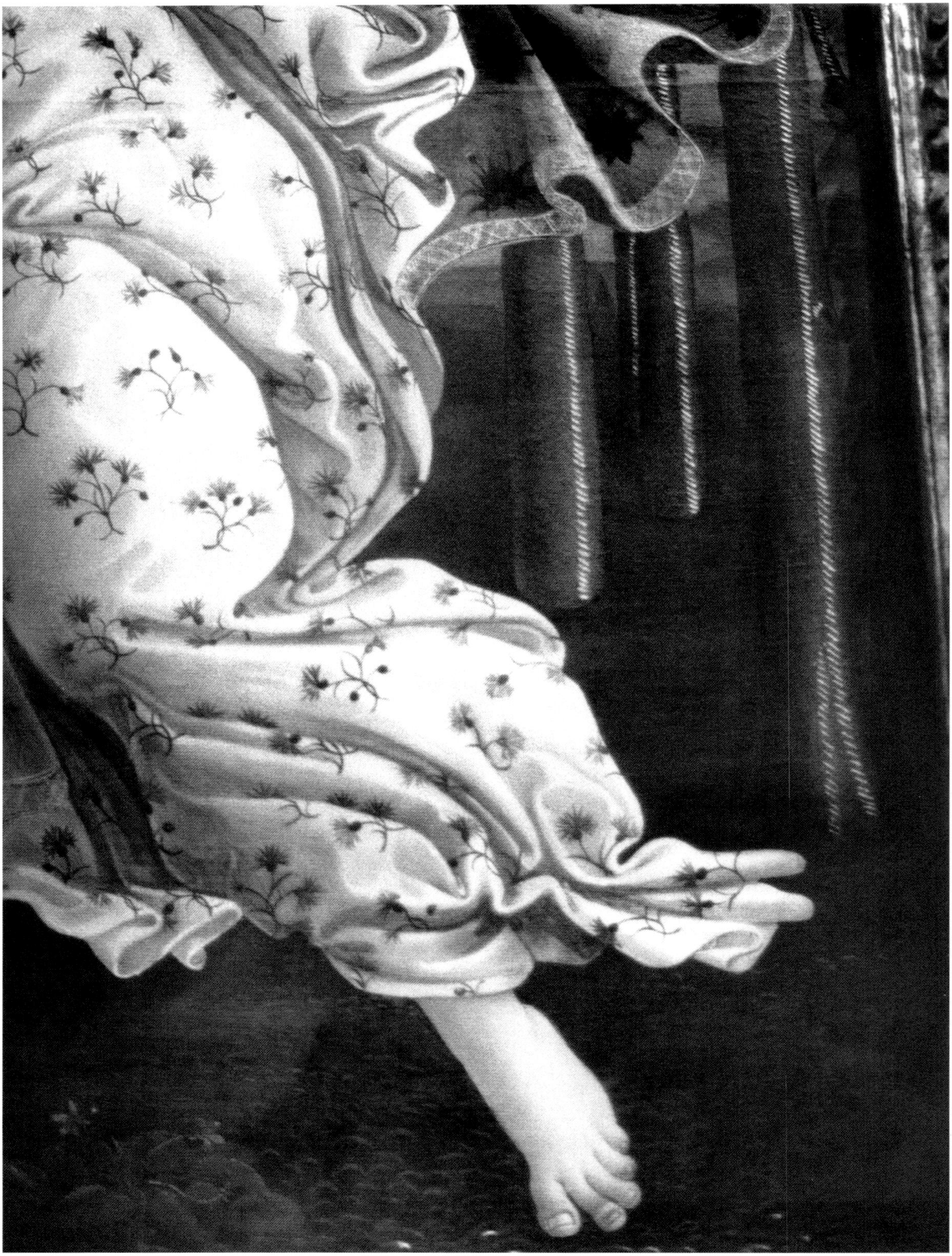

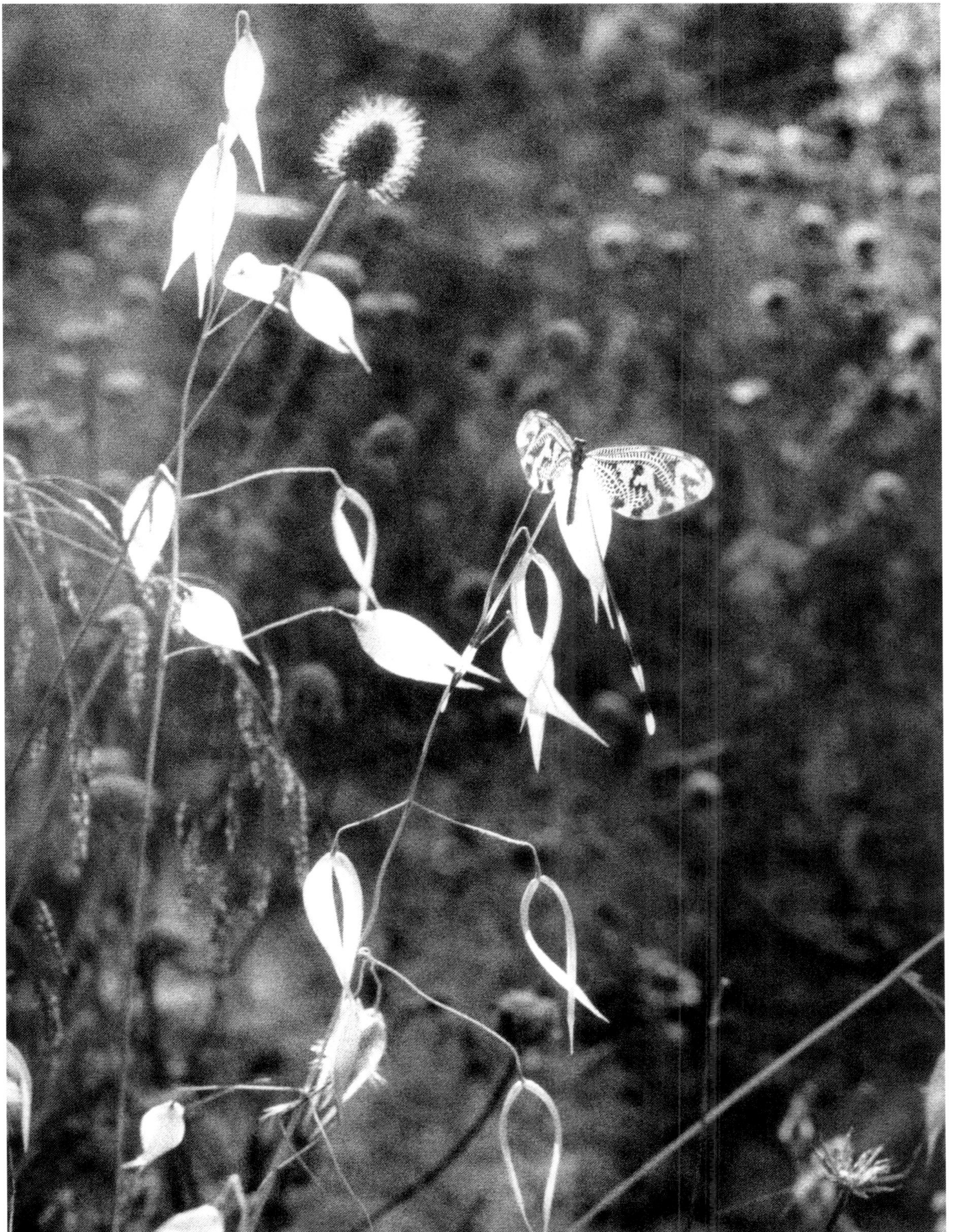

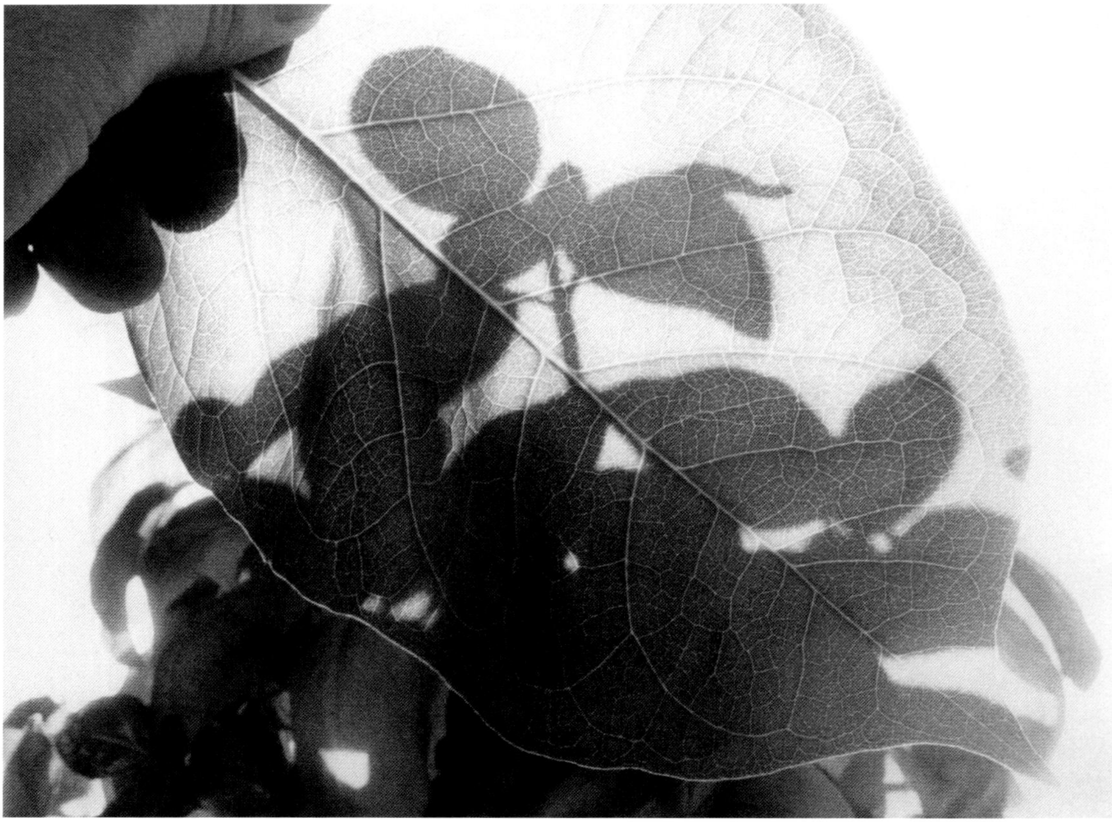

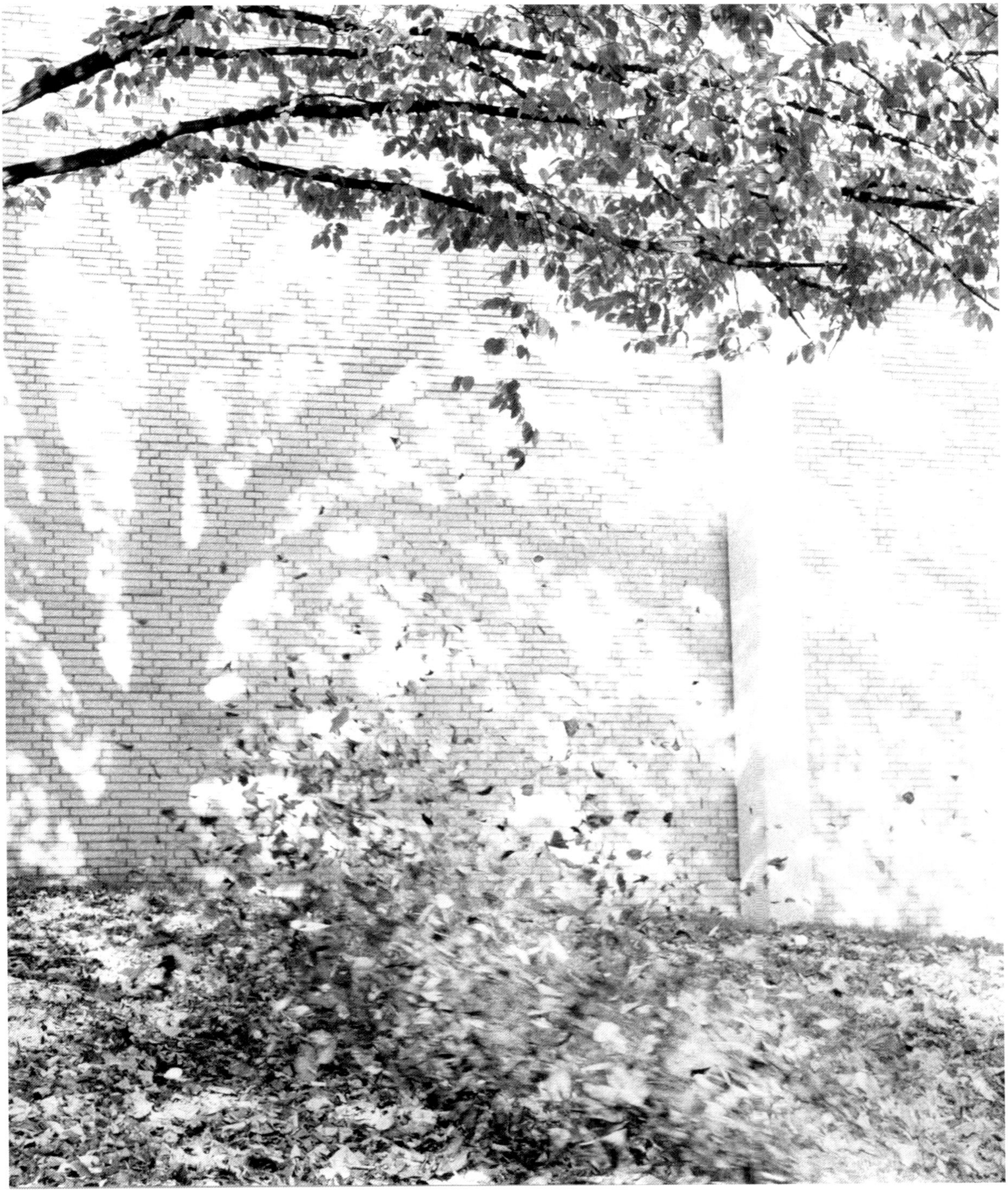

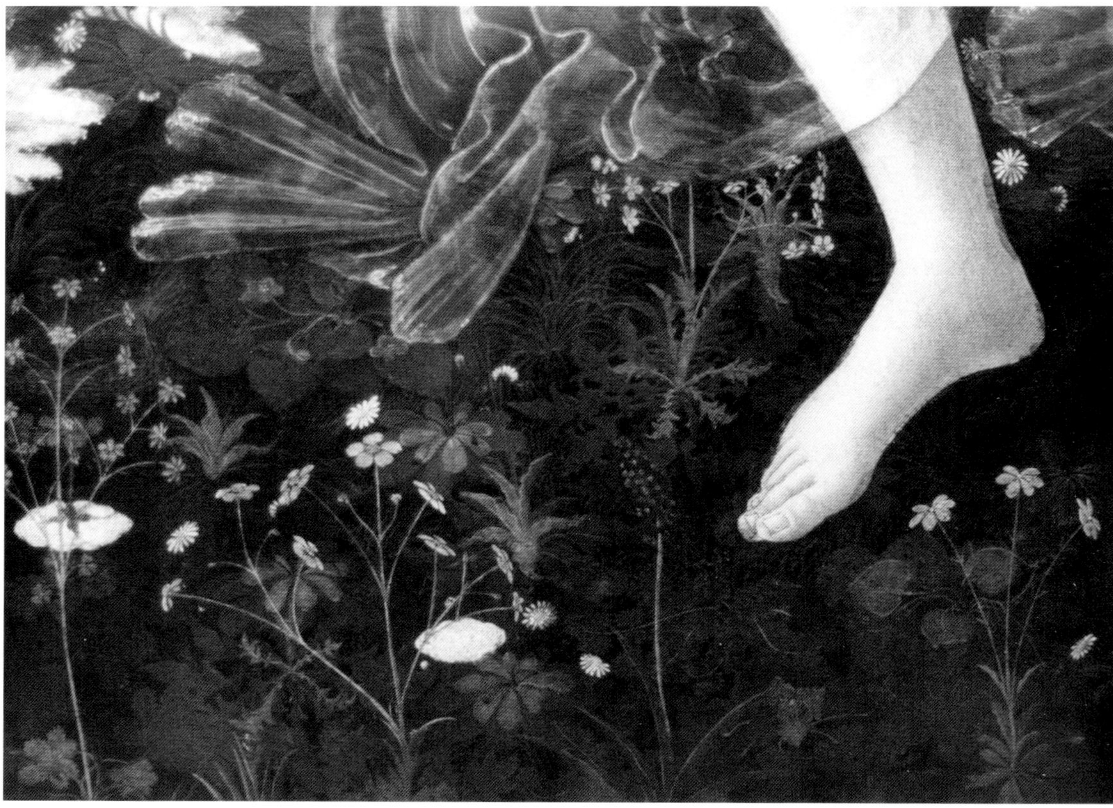

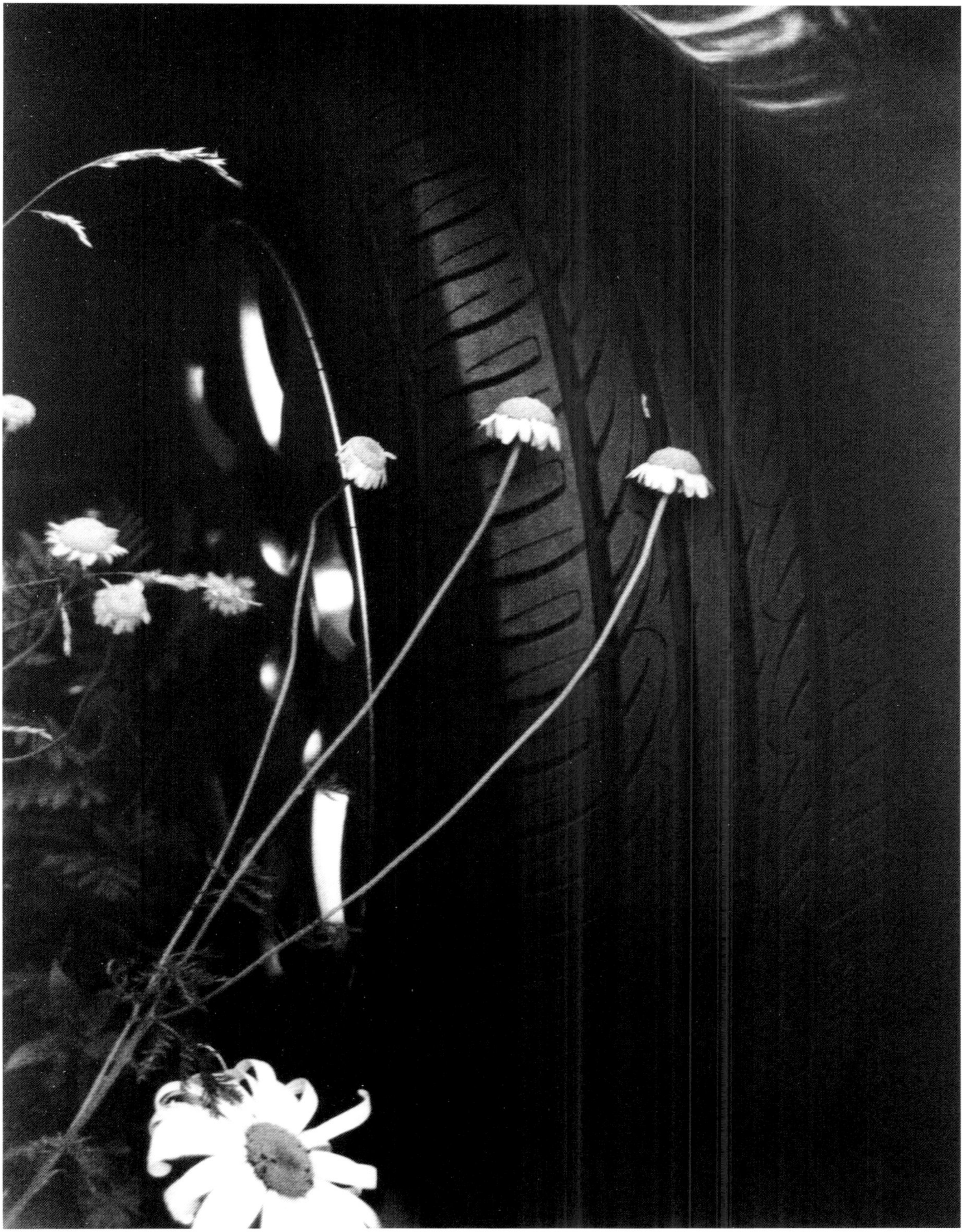

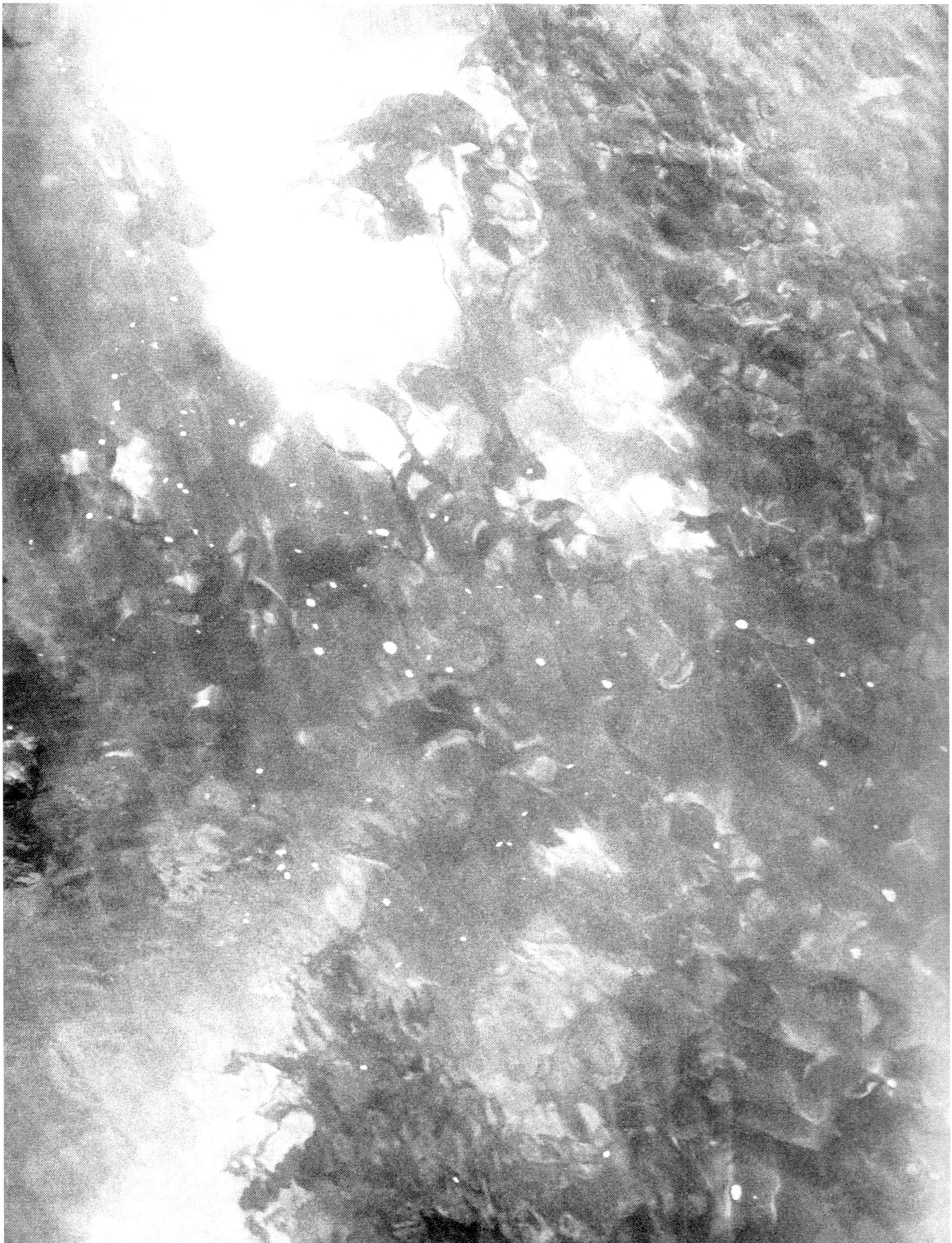

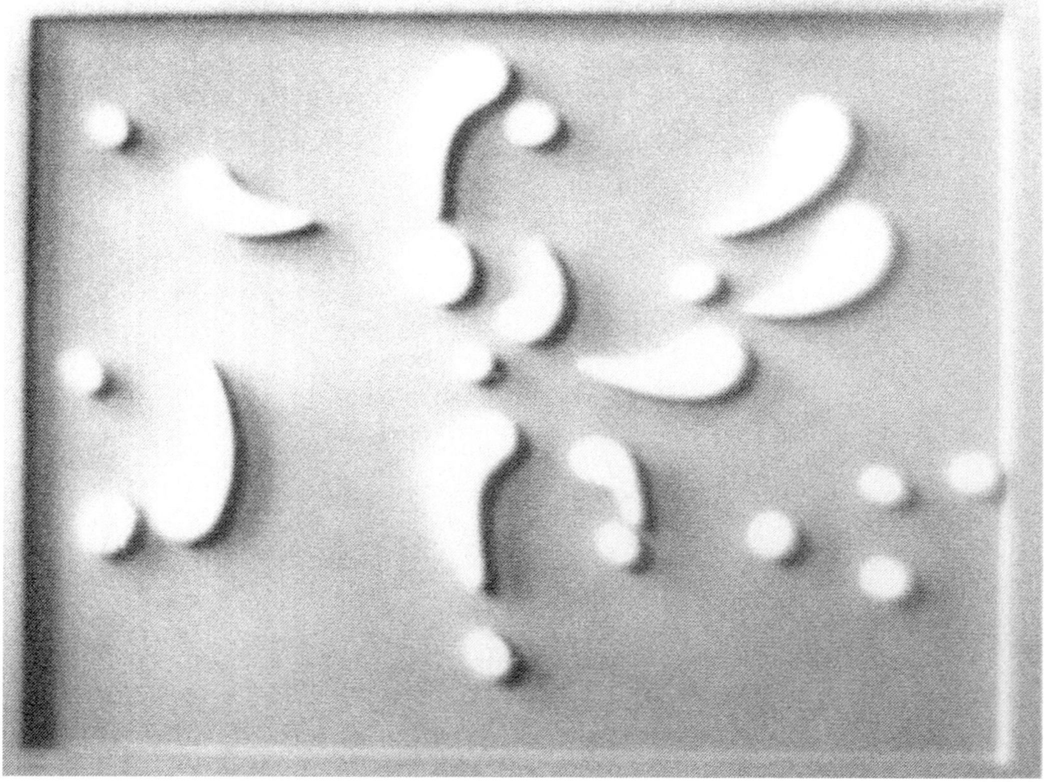

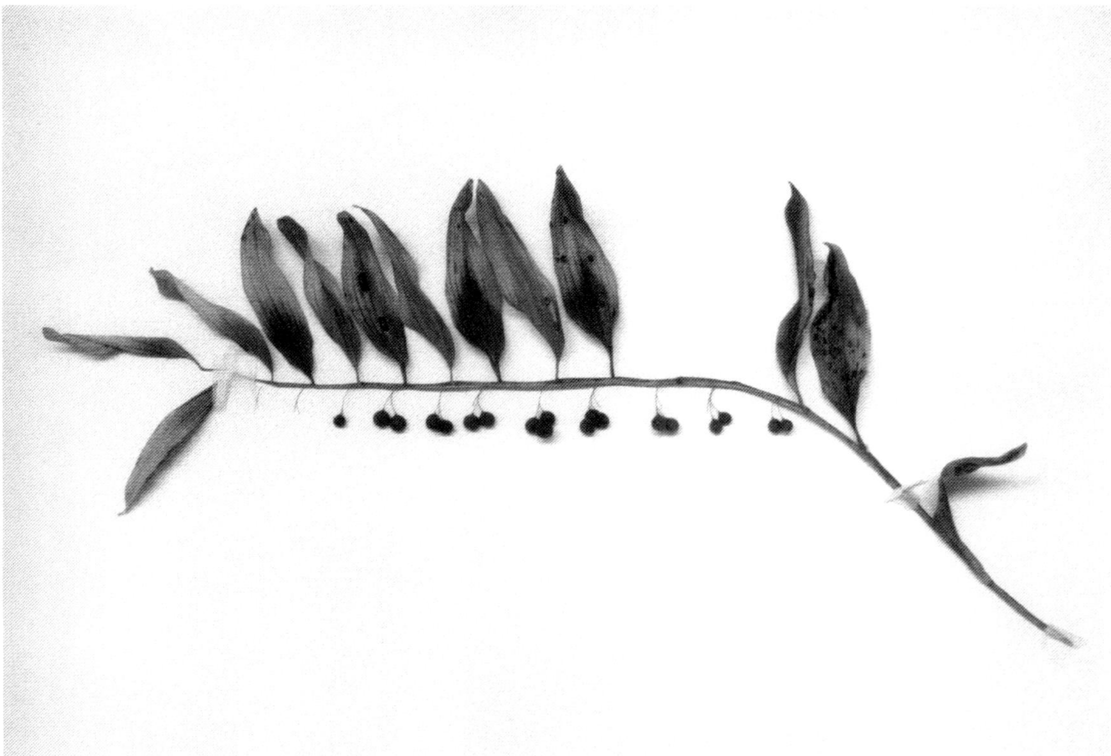

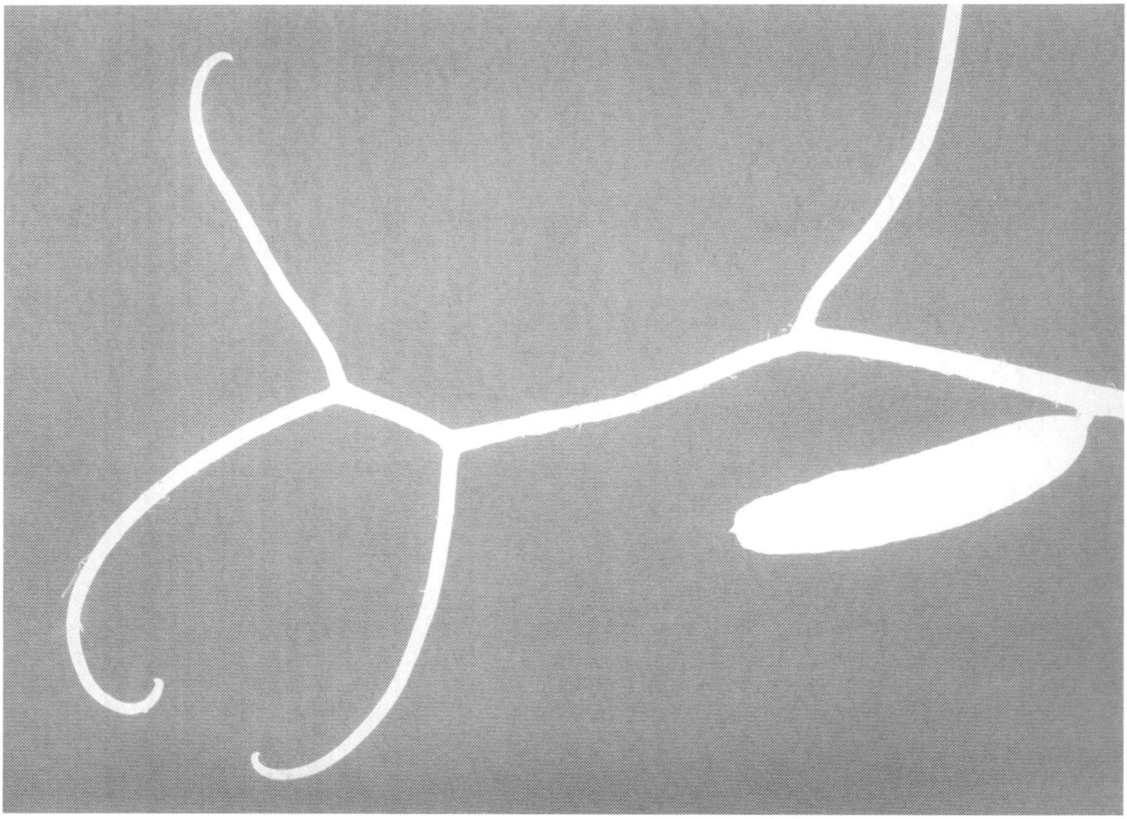

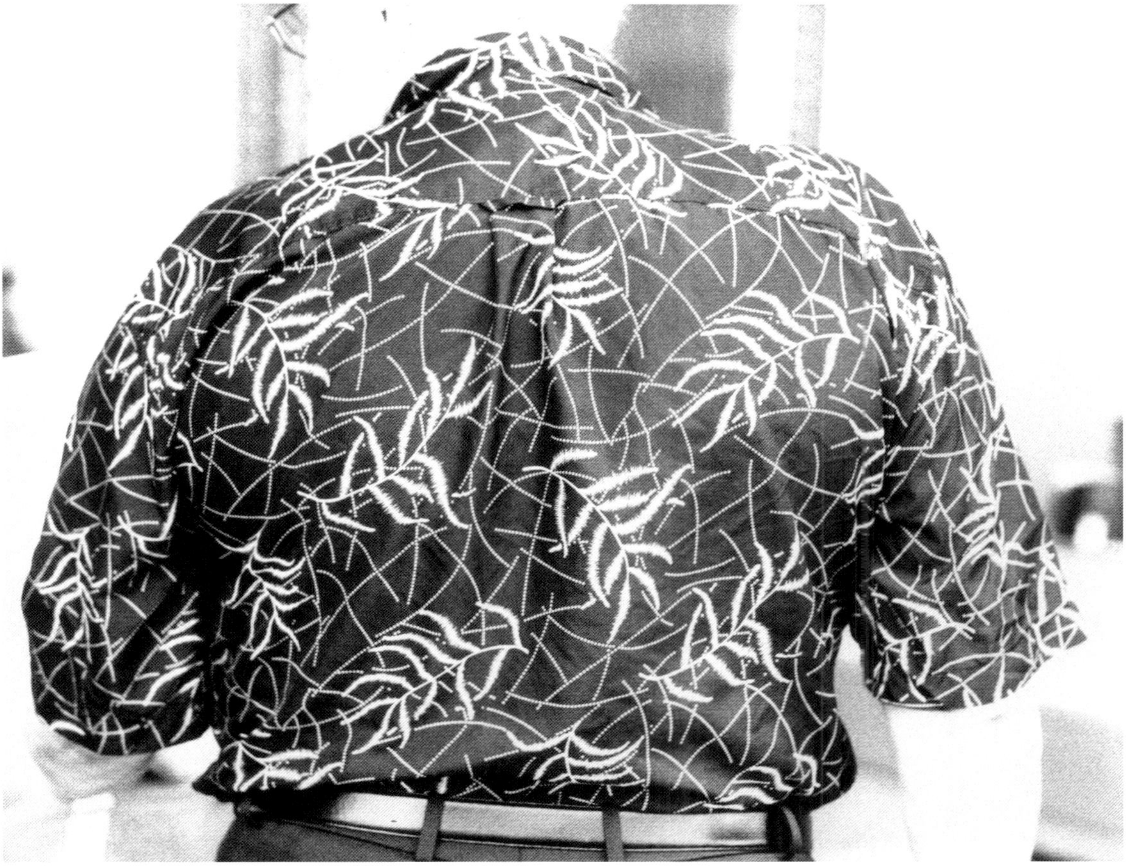

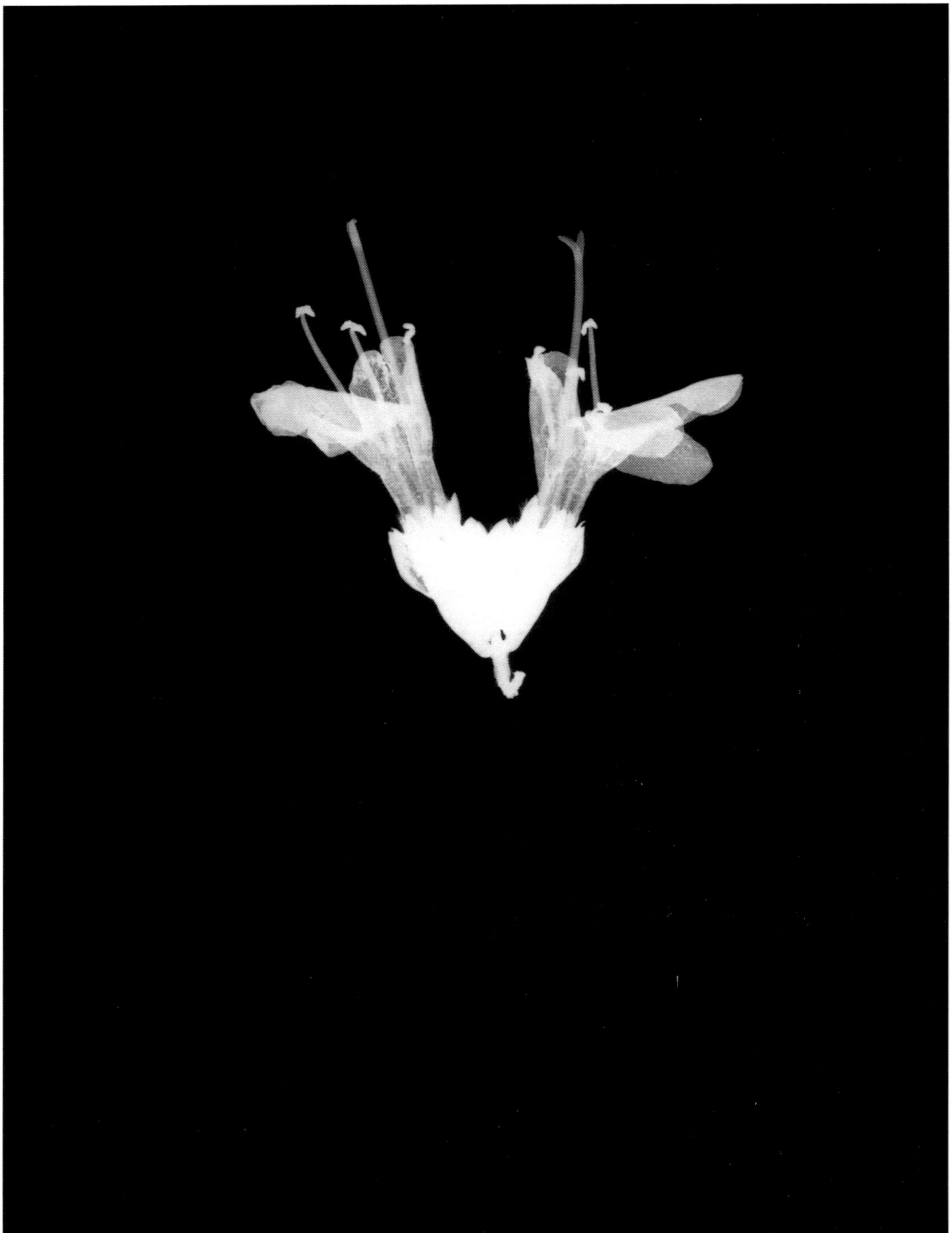

FUNDACIÓ PER AMOR A L'ART

PATRONATO / BOARD MEMBERS

PRESIDENTE / CHAIRMAN
José Luis Soler

VICEPRESIDENTA / VICE-CHAIRWOMAN
Susana Lloret

VOCALES / REPRESENTATIVES
Mateo Blay
Eugenia Mora
José Manuel Soler
Alicia Soler
María Luisa Soler
Vicent Todolí
Jorge Eduardo Úbeda

SECRETARIO / SECRETARY
Joaquín Ignacio García

DIRECTORA GENERAL / GENERAL DIRECTOR
Susana Lloret

DIRECTORA GERENTE / EXECUTIVE DIRECTOR
Elisa Maldonado

ASISTENTE DE LA DIRECTORA GENERAL / GENERAL DIRECTOR ASSISTANT
Natalia Mañes

DIRECTOR DEL ÁREA DE ARTE / ARTISTIC DIRECTOR
Vicent Todolí

DIRECTORA DEL ÁREA FINANCIERA, FISCAL Y LEGAL / FINANCE AND LEGAL DIRECTOR
María Luisa Soler

RESPONSABLE DEL ÁREA FINANCIERA, FISCAL Y LEGAL / FINANCE AND LEGAL MANAGER
Álvaro Ballester

TÉCNICO DE ADMINISTRACIÓN / FINANCIAL ACCOUNTANT
Alicia Guijarro

RESPONSABLE DE SERVICIOS GENERALES / GENERAL SERVICES MANAGER
Susana Serrano

RESPONSABLE DEL ÁREA SOCIAL / SOCIAL AREA MANAGER
Soledad Martínez

EQUIPO EDUCATIVO DEL ÁREA SOCIAL / EDUCATIONAL TEAM SOCIAL AREA
Susana Nieto
Roberto Simón
Julia Crespo Rizo

RESPONSABLE DE COMUNICACIÓN Y REDES SOCIALES / SOCIAL MEDIA AND COMMUNICATION MANAGER
Ana Valls

RESPONSABLE DE PROTOCOLO / PROTOCOL MANAGER
Carla Gago

TÉCNICO DE COMUNICACIÓN Y PROTOCOLO / PROTOCOL AND COMMUNICATION ASSISTANT
Alberto Sancho González

RESPONSABLE DE OPERACIONES Y MANTENIMIENTO / MAINTENANCE MANAGER
Christian Ferrando

AUXILIAR DE MANTENIMIENTO / MAINTENANCE ASSISTANT
Enzo Marai

ASESOR DE LA COLECCIÓN PER AMOR A L'ART / ADVISER OF PER AMOR A L'ART COLLECTION
Vicent Todolí

BOMBAS GENS CENTRE D'ART

DIRECTORA / DIRECTOR
Nuria Enguita

COORDINADORA DE EXPOSICIONES Y DE LA COLECCIÓN / EXHIBITIONS AND COLLECTION COORDINATOR
Carmen Pereira

COORDINADORA DE ACTIVIDADES CULTURALES Y EDUCATIVAS / CULTURAL AND EDUCATIONAL ACTIVITIES COORDINATOR
Sonia Martínez

ASISTENTE DE DIRECCIÓN Y ÁREA DE ARTE / ASSISTANT DIRECTOR AND ART AREA
Julia Castelló

MEDIADORES DE EXPOSICIÓN / EXHIBITION MEDIATORS
Carles Àngel Saurí
Sara Losada Rambla
Laura Pastor

MEDIADORA DE PATRIMONIO / HERITAGE MEDIATOR
Eva Bravo

COORDINADORA DE SALA / ROOM COORDINATOR
Rosa Nácher

GUÍA CULTURAL / CULTURAL GUIDE
Cristina Montiano

RESPONSABLE DE RECEPCIÓN / RECEPTION MANAGER
Alejandro Beltrán

LA FÁBRICA

PRESIDENTE / PRESIDENT
Alberto Anaut

VICEPRESIDENTE / VICE-PRESIDENT
Alberto Fesser

DIRECTOR DE LA FÁBRICA EDITORIAL / PUBLISHING DIRECTOR
César Martínez-Useros

DIRECTORA EDITORIAL / EDITORIAL CONTENT MANAGER
Camino Brasa

DIRECTOR DE DISTRIBUCIÓN / DISTRIBUTION MANAGER
Raúl Muñoz

La Fábrica
Verónica, 13
28014 Madrid
T. +34 91 360 13 20

BOTÁNICAS / BOTANICALS

Colección Per Amor a l'Art /
Per Amor a l'Art Collection
Bombas Gens Centre d'Art, València
13 Febrero / February – 1 Noviembre / November 2020

EXPOSICIÓN / EXHIBITION

COMISARIOS / CURATORS
Carles Àngel Saurí
Nuria Enguita
Vicent Todolí

COORDINACIÓN / COORDINATION
Carmen Pereira

ASISTENTE / ASSISTANT
Julia Castelló

AGRADECIMIENTOS / ACKNOWLEDGEMENTS

Fundació Per Amor a l'Art / Bombas Gens Centre d'Art desea agradecer al Jardí Botànic y la Biblioteca Històrica de la Universitat de València y al Archivo del Real Jardín Botánico, y el préstamo de las obras de Jochen Lempert (cortesía de la galería ProjecteSD, Barcelona) y Alessandra Spranzi (cortesía de la galería P420, Bolonia y Colección INELCOM Arte Contemporáneo, Madrid) y a todas las galerías que han facilitado la documentación necesaria de las obras pertenecientes a la Colección Per Amor a l'Art: Michael Hoppen, Taka Ishii, Juana de Aizpuru, F2, Apalazzo, Luis Adelantado, Casa Sin Fin.

Agradecemos también a Eva Pastor, Jaime Güemes, Norberto Piqueras, María Jesús García Mateu, Silvia Villaplana Traver, Elisa Millás, Manuel Martínez Tórtola, Arantxa Guerola, Miguel García Cárceles, Antoni Colomina, Priscila Lehmann, todo el equipo de Art i Clar, Estudio Paco Mora, Hasan G. López, Alex Baradel, Esther García Guillén, Javier Quilis, Andrea Marina Saiz, Chiara Tiberio, Daniel Moreno, Paula García-Masedo y al equipo de mediación de Bombas Gens Centre d'Art.

Fundació Per Amor a l'Art / Bombas Gens Centre d'Art wishes to thank the Jardí Botànic and the Biblioteca Històrica of the Universitat de València and the Archivo del Real Jardín Botánico, and the loan of the works by Jochen Lempert (courtesy of the gallery ProjecteSD, Barcelona) and by Alessandra Spranzi (courtesy of the gallery P420, Bologna and Colección INELCOM Arte Contemporáneo, Madrid) and to thank all of the galleries that provided the necessary documentation of the works in Per Amor a l'Art Collection: Michael Hoppen, Taka Ishii, Juana de Aizpuru, F2, Apalazzo, Luis Adelantado, Casa Sin Fin.

We wish to express our gratitude to Eva Pastor, Jaime Güemes, Norberto Piqueras, María Jesús García Mateu, Silvia Villaplana Traver, Elisa Millás, Manuel Martínez Tórtola, Arantxa Guerola, Miguel García Cárceles, Antoni Colomina, Priscila Lehmann, todo el equipo de Art i Clar, Estudio Paco Mora, Hasan G. López, Alex Baradel, Esther García Guillén, Javier Quilis, Andrea arina Saiz, Chiara Tiberio, Daniel Moreno, Paula García-Masedo and the mediation team of Bombas Gens Centre d'Art.

CATÁLOGO / CATALOGUE

EDICIÓN / PUBLISHER
Bombas Gens Centre d'Art
La Fábrica

OBRAS / WORKS
Nobuyoshi Araki
Karl Blossfeldt
Imogen Cunningham
Hans-Peter Feldmann
Richard Hamilton
Juan del Junco
Jochen Lempert
Jonas Mekas
Mathieu Mercier
Albert Renger-Patzsch
Alessandra Spranzi
Pierre Verger

TEXTOS / TEXTS
Nuria Enguita
Carles Àngel Saurí

COORDINACIÓN EDITORIAL / EDITORIAL COORDINATION
Julia Castelló (Bombas Gens Centre d'Art)
Miriam Querol (La Fábrica)
Carmen Pereira (Bombas Gens Centre d'Art)

DISEÑO / DESIGN
Filiep Tacq

TRADUCCIÓN / TRANSLATION
Philip Sutton

CORRECCIÓN DE TEXTOS / PROOFREADING
Álvaro Villa

PREIMPRESIÓN / PRE-PRESS
La Troupe

IMPRESIÓN / PRINTING
Brizzolis, arte en gráficas

ENCUADERNACIÓN / BINDING
Encuadernación Ramos

Las tipografías utilizadas en este libro son Garamond, Baskerville y New Century Schoolbook y ha sido impreso en papel Perigord Condat Matt de 150 g. y Magno Star brillante de 135 g.

The typefaces used in this book are Garamond, Baskerville and New Century Schoolbook and it has been printed on 150 gram Perigord Condat Matt and on 135 gram Magno Star glossy paper.

La Fábrica:
ISBN: 978-84-17769-38-3

Fundació Per Amor a l'Art:
ISBN: 978-84-09-17404-1

DL / LD: V-3829-2019 / M-1177-2020